四川省工程建设地方标准

悬挂式单轨交通设计标准

Standard for design of suspended monorail transit

DBJ51/T 099-2018

主编部门：四川省住房和城乡建设厅
批准部门：四川省住房和城乡建设厅
施行日期：2018年12月1日

西南交通大学出版社

2018　成都

图书在版编目（CIP）数据

悬挂式单轨交通设计标准 / 西南交通大学，中唐空铁集团有限公司主编. —成都：西南交通大学出版社，2018.10
（四川省工程建设地方标准）
ISBN 978-7-5643-6482-3

Ⅰ. ①悬… Ⅱ. ①西… ②中… Ⅲ. ①独轨铁路－设计标准－地方标准－四川 Ⅳ. ①U232-65

中国版本图书馆 CIP 数据核字（2018）第 230721 号

四川省工程建设地方标准
悬挂式单轨交通设计标准
主编单位　西南交通大学
　　　　　中唐空铁集团有限公司

责 任 编 辑	姜锡伟
封 面 设 计	原谋书装
出 版 发 行	西南交通大学出版社 （四川省成都市二环路北一段 111 号 西南交通大学创新大厦 21 楼）
发行部电话	028-87600564　028-87600533
邮 政 编 码	610031
网　　　址	http：//www.xnjdcbs.com
印　　　刷	成都蜀通印务有限责任公司
成 品 尺 寸	140 mm×203 mm
印　　　张	10.125
字　　　数	262 千
版　　　次	2018 年 10 月第 1 版
印　　　次	2018 年 10 月第 1 次
书　　　号	ISBN 978-7-5643-6482-3
定　　　价	57.00 元

各地新华书店、建筑书店经销
图书如有印装质量问题　本社负责退换
版权所有　盗版必究　举报电话：028-87600562

四川省住房和城乡建设厅关于发布工程建设地方标准《悬挂式单轨交通设计标准》的通知

川建标发〔2018〕670号

各市州及扩权试点县住房城乡建设行政主管部门,各有关单位:

由西南交通大学和中唐空铁集团有限公司主编的《悬挂式单轨交通设计标准》已经我厅组织专家审查通过,现批准为四川省推荐性工程建设地方标准,编号为:DBJ51/T 099—2018,自2018年12月1日起在全省实施。

该标准由四川省住房和城乡建设厅负责管理,西南交通大学负责技术内容解释。

四川省住房和城乡建设厅
2018年8月15日

前 言

根据四川省住房和城乡建设厅《关于下达工程建设地方标准〈四川省悬挂式单轨交通技术标准〉编制计划的通知》(川建标函〔2017〕792号)的要求,《悬挂式单轨交通设计标准》编制组经广泛调查研究,认真总结工程实践经验以及最新研究成果,参考国内城市轨道交通、铁路工程建设相关的国家和行业标准,并在广泛征求意见的基础上,编制本标准。

本标准共分26章和3个附录,主要技术内容包括:总则;术语;运营组织;车辆;限界;线路;轨道梁桥;道岔;车站建筑;高架车站结构;地下结构;工程防水;通风与空调;给水与排水;车站其他机电设备;供电;通信;信号;自动售检票系统;环境与设备监控系统;风力监测系统;综合运维管理系统;运营控制中心;车辆基地;防灾;环境保护。

本标准由四川省住房和城乡建设厅负责管理,西南交通大学负责具体技术内容的解释。在执行本标准的过程中,请各使用单位注意积累资料,总结经验,并及时将问题、意见和建议反馈给西南交通大学(地址:四川省成都市二环路北一段111号西南交通大学牵引动力国家重点实验室;邮编:610031;邮箱地址:caxuser@163.com;联系电话:028-86465537),以供今后修订时参考。

主编单位:西南交通大学
中唐空铁集团有限公司
参编单位:中铁第六勘察设计院集团有限公司

       中车南京浦镇车辆有限公司
       中铁宝桥集团有限公司
       上海富欣智能交通控制有限公司
       四川鑫唐新能源科技有限公司
       中车资阳机车有限公司

主要起草人： 翟婉明 王　凯 范建国 楚永萍
      张　琳 陈丽君 蔡成标 李际胜
      张水清 钟　敏 吉敏廷 牛均宽
      董新发 彭长福 孟贤平 李　黎
      冯遵委 马定发 王开云 郑　聪
      胡步毛 魏文杰 汪岳君 何国福
      余　锋 牛　涛 王文波 刘　涛
      叶海昌 肖立君 肖　遥 张　弛
      胡基贵 杨　晓 高　宁 张　鹏
      周华贵 江长逮 向光海 刘长江
      刘　洋 金俊宇 何斌斌 何　飞
      白永平 洪　松 何庆烈 鞠永杰
      张德胜 杨正波 陈　磊 蒋永兵
      陈　伟 赵海军 朱胜阳 贺　伟
      徐步算

主要审查人： 张　楠 王星明 刘万明 曾　京
      张家炳 畅德师 伍卫凡 郜永杰
      王立天 封全保 贺　刚 谢尚英
      秦　悦 张　方

目　次

- 1 总　则 ································ 1
- 2 术　语 ································ 3
- 3 运营组织 ······························ 7
  - 3.1 一般规定 ························ 7
  - 3.2 系统运能 ························ 8
  - 3.3 行车组织 ························ 9
  - 3.4 运营配线 ······················· 10
  - 3.5 运营管理 ······················· 10
- 4 车　辆 ······························· 12
  - 4.1 一般规定 ······················· 12
  - 4.2 安全和应急设施 ················· 16
  - 4.3 车辆与相关系统 ················· 17
- 5 限　界 ······························· 18
  - 5.1 一般规定 ······················· 18
  - 5.2 基本参数 ······················· 19
  - 5.3 建筑限界 ······················· 20
  - 5.4 轨道区设备和管线布置原则 ······· 22
- 6 线　路 ······························· 24
  - 6.1 一般规定 ······················· 24
  - 6.2 线路平面 ······················· 25
  - 6.3 线路纵断面 ····················· 27
  - 6.4 配线、车场线及道岔 ············· 29

7 轨道梁桥 ··· 31
　7.1 一般规定 ·· 31
　7.2 结构变形及沉降限值 ·· 33
　7.3 荷　载 ··· 34
　7.4 构造要求 ·· 39

8 道　岔 ··· 40
　8.1 一般规定 ·· 40
　8.2 道岔分类 ·· 41
　8.3 道岔设备 ·· 41
　8.4 道岔设置要求 ·· 43
　8.5 道岔安全 ·· 44

9 车站建筑 ··· 45
　9.1 一般规定 ·· 45
　9.2 车站平面 ·· 46
　9.3 车站出入口 ··· 48
　9.4 人行楼梯、自动扶梯、垂直电梯 ······························· 49
　9.5 站台门 ··· 50
　9.6 无障碍设施 ··· 51
　9.7 车站环境 ·· 51
　9.8 各部位参数要求 ··· 52

10 高架车站结构 ·· 55
　10.1 一般规定 ·· 55
　10.2 设计荷载 ·· 55
　10.3 设计原则 ·· 56
　10.4 构造要求 ·· 57

11	地下结构	58
	11.1 一般规定	58
	11.2 工程材料	59
	11.3 构造要求	59
12	工程防水	61
	12.1 一般规定	61
	12.2 混凝土结构自防水	61
13	通风与空调	63
	13.1 一般规定	63
	13.2 通风与空调系统	65
14	给水与排水	68
	14.1 一般规定	68
	14.2 给水系统	68
	14.3 排水系统	71
	14.4 车辆基地给水与排水	72
	14.5 给排水设备监控	74
15	车站其他机电设备	75
	15.1 自动扶梯与自动人行道	75
	15.2 电梯和轮椅升降机	76
	15.3 站台门	76
16	供 电	79
	16.1 一般规定	79
	16.2 变电所	80
	16.3 接触网系统	83
	16.4 电源充电系统	84

16.5　电力监控系统 ································· 84
　　16.6　动力与照明 ································· 85
　　16.7　综合接地 ································· 88
17　通　信 ································· 89
　　17.1　一般规定 ································· 89
　　17.2　传输系统 ································· 90
　　17.3　公务电话系统 ································· 91
　　17.4　专用电话系统 ································· 92
　　17.5　无线通信系统 ································· 93
　　17.6　广播系统 ································· 94
　　17.7　时钟系统 ································· 95
　　17.8　视频监视系统 ································· 96
　　17.9　集中告警系统 ································· 97
　　17.10　办公自动化系统 ································· 98
　　17.11　乘客信息系统 ································· 98
　　17.12　电源及接地系统 ································· 99
　　17.13　通信用房技术要求 ································· 101
18　信　号 ································· 102
　　18.1　一般规定 ································· 102
　　18.2　系统要求 ································· 103
　　18.3　列车自动监控（ATS）系统 ················· 105
　　18.4　列车自动防护（ATP）系统 ················· 106
　　18.5　列车自动运行（ATO）系统 ················· 110
　　18.6　数据通信系统（DCS） ····················· 111
　　18.7　维护管理系统（MMS） ···················· 112

18.8　车辆段/停车场信号系统 ································· 113
　　18.9　信号系统供电 ·· 113
　　18.10　防雷、电磁兼容与防护 ································· 114
　　18.11　其　他 ··· 116
19　自动售检票系统 ··· 117
　　19.1　一般规定 ·· 117
　　19.2　自动售检票系统的构成 ································· 118
　　19.3　自动售检票系统的功能 ································· 119
　　19.4　自动售检票系统与相关系统的接口 ··················· 122
20　环境与设备监控系统 ·· 123
　　20.1　一般规定 ·· 123
　　20.2　系统设计原则 ·· 123
　　20.3　系统运营组织模式及基本监控功能 ··················· 124
　　20.4　硬件设备配置 ·· 125
　　20.5　软件基本要求 ·· 126
　　20.6　系统网络结构与功能 ····································· 127
　　20.7　系统布线及接地 ··· 128
21　风力监测系统 ··· 130
　　21.1　一般规定 ·· 130
　　21.2　风力监测系统功能 ······································· 130
　　21.3　风力监测系统供电与防护 ······························ 130
　　21.4　其　他 ··· 131
22　综合运维管理系统 ·· 132
　　22.1　一般规定 ·· 132
　　22.2　系统功能 ·· 133

  22.3 系统组成 ………………………………………… 136
  22.4 软件要求 ………………………………………… 136
  22.5 接口要求 ………………………………………… 137
23 运营控制中心 …………………………………………… 138
  23.1 一般规定 ………………………………………… 138
  23.2 功能分区与总体布置 …………………………… 139
  23.3 建筑与装修 ……………………………………… 141
  23.4 布　线 …………………………………………… 142
  23.5 照明与应急照明 ………………………………… 143
  23.6 通风、空调 ……………………………………… 143
  23.7 供电、防雷与接地 ……………………………… 145
  23.8 消防与安全 ……………………………………… 145
24 车辆基地 ………………………………………………… 147
  24.1 一般规定 ………………………………………… 147
  24.2 车辆段与停车场的功能、规模及总平面布置 … 148
  24.3 车辆运用整备设施 ……………………………… 152
  24.4 车辆检修设施 …………………………………… 158
  24.5 车辆段设备维修和动力设施 …………………… 160
  24.6 综合维修中心 …………………………………… 161
  24.7 物资总库 ………………………………………… 162
  24.8 培训中心 ………………………………………… 163
  24.9 救援设施 ………………………………………… 163
  24.10 其　他 …………………………………………… 164
25 防　灾 …………………………………………………… 165
  25.1 一般规定 ………………………………………… 165

25.2	建筑防火	165
25.3	安全疏散	167
25.4	消防给水	169
25.5	灭火装置	172
25.6	消防设备配置与监控	172
25.7	防烟、排烟与事故通风	173
25.8	防灾用电与疏散标志	175
25.9	防灾通信	176
25.10	火灾报警系统	176
25.11	其他灾害预防	179
25.12	救援保障	179

26 环境保护 ………………………………………… 181
　26.1　一般规定 ………………………………………… 181
　26.2　规划及工程环境保护 …………………………… 182
　26.3　环境保护措施 …………………………………… 182
附录 A　曲线地段设备限界计算方法 …………………… 184
附录 B　悬挂式单轨交通 A 型车限界图 ………………… 186
附录 C　悬挂式单轨交通 B 型车限界图 ………………… 190
本标准用词说明 …………………………………………… 195
引用标准名录 ……………………………………………… 197
附：条文说明 ……………………………………………… 201

13

Contents

1 General provisions ·· 1
2 Terms ·· 3
3 Operating organization ··· 7
   3.1 General requirement ·· 7
   3.2 System operational capability ····························· 8
   3.3 Operational organization ···································· 9
   3.4 Operational sidings ·· 10
   3.5 Operational management ·································· 10
4 Vehicle ·· 12
   4.1 General requirement ·· 12
   4.2 Security and emergency facilities ····················· 16
   4.3 Vehicle and related system ································ 17
5 Gauge ·· 18
   5.1 General requirement ·· 18
   5.2 Basic parameters ·· 19
   5.3 Structure gauge ·· 20
   5.4 Layout principles of facilities and pipelines in track area ·· 22
6 Line ·· 24
   6.1 General requirement ·· 24
   6.2 Plane of the line ··· 25
   6.3 Profile of the line ··· 27

    6.4 Siding, depot-line and turnout ···················29
7 Rail beam bridge ····································· 31
    7.1 General requirement ······························31
    7.2 Structural deformation and settlement limitation
    ··33
    7.3 Loads ···34
    7.4 Structural requirements ·························39
8 Turnout ··40
    8.1 General requirement ·····························40
    8.2 Turnout classification ···························41
    8.3 Turnout equipments ······························41
    8.4 Turnout setting requirements ··················43
    8.5 Turnout safety ····································44
9 Station building ······································45
    9.1 General requirement ·····························45
    9.2 Station plane ·······································46
    9.3 Station entrances and exits ····················48
    9.4 Stair, escalator, elevator ························49
    9.5 Platform edge gate ·······························50
    9.6 Accessible facilities ······························51
    9.7 Station environment ·····························51
    9.8 Parameter requirements of each part ···········52
10 Elevated station structure ·························55
    10.1 General requirement ····························55
    10.2 Design loads ······································55

	10.3	Design principle ································56
	10.4	Structural requirements ························57
11	Underground structure ·································58	
	11.1	General requirement ··························58
	11.2	Engineering material ·························59
	11.3	Structural requirements ·······················59
12	Engineering waterproof ·······························61	
	12.1	General requirement ··························61
	12.2	Self-waterproof of concrete structure ············61
13	Ventilationing, air conditioning ························63	
	13.1	General requirement ··························63
	13.2	Ventilationing and air conditioning systems ·····65
14	Water supply and drainage ·····························68	
	14.1	General requirement ··························68
	14.2	Water supply system ·························68
	14.3	Drainage system ····························71
	14.4	Water supply and drainage of base for vehicle ··72
	14.5	Water supply and drainage equipments monitoring ··74
15	Other electromechanical equipments of station building ··75	
	15.1	Escalator and autowalk ·······················75
	15.2	Elevator and wheelchair lift ··················76
	15.3	Platform edge gate ··························76

16 Power supply ·· 79
　16.1　General requirement ·································· 79
　16.2　Substation ·· 80
　16.3　Contact wire system ································ 83
　16.4　Power supply charging system ···················· 84
　16.5　Power monitoring system ·························· 84
　16.6　Power and lighting ································· 85
　16.7　Integrated grounding system ····················· 88
17 Communication ·· 89
　17.1　General requirement ································ 89
　17.2　Transmission system ································ 90
　17.3　Public service telephone system ················· 91
　17.4　Dedicated telephone system ······················ 92
　17.5　Radio communication system ····················· 93
　17.6　Broadcasting system ······························· 94
　17.7　Clock system ·· 95
　17.8　Video surveillance system ························ 96
　17.9　Centralized alarm system ························· 97
　17.10　Office automation system ······················· 98
　17.11　Passenger information system ·················· 98
　17.12　Power and grounding system ··················· 99
　17.13　Technical requirements for communication room
　　　　　·· 101
18 Signal ·· 102
　18.1　General requirement ······························ 102

18.2	System requirements	103
18.3	Automatic train supercision (ATS) system	105
18.4	Automatic train protection (ATP) system	106
18.5	Automatic train operation (ATO) system	110
18.6	Data communications system (DCS)	111
18.7	Maintenance management system (MMS)	112
18.8	Signal system of depot/stabling yard	113
18.9	Power supply of signal system	113
18.10	Lighting protection, electromagnetic compatibility and protection	114
18.11	Others	116
19	Automatic fare collection system	117
19.1	General requirement	117
19.2	Constitution of automatic fare collection system	118
19.3	Function of automatic fare collection system	119
19.4	Interface between automatic fare collection system and related system	122
20	Building automatic system	123
20.1	General requirement	123
20.2	Principle of system design	123
20.3	Operating mode and basic monitoring functions of system	124
20.4	Basic requirements for hardware	125

	20.5	Basic requirements for software	126
	20.6	Network structure and function of system	127
	20.7	Cabling and grounding of system	128
21		Monitoring system for wind	130
	21.1	General requirement	130
	21.2	Function of monitoring system for wind	130
	21.3	Power supply and protection of monitoring system for wind	130
	21.4	Others	131
22		Integrated operation and maintenance system	132
	22.1	General requirement	132
	22.2	System functions	133
	22.3	System composition	136
	22.4	Requirements for software	136
	22.5	Requirements for interface	137
23		Operations control center	138
	23.1	General requirement	138
	23.2	Functional section and general layout	139
	23.3	Building and decoration	141
	23.4	Cabling	142
	23.5	Lighting and emergency lighting	143
	23.6	Ventilation and air conditioning	143
	23.7	Power supply, lightning protection and grounding	145
	23.8	Fire protection and safety	145

24　Base for the vehicle ······················· 147
　　24.1　General requirement ······················· 147
　　24.2　Function, scale and general layout of depot and parking lot ······················· 148
　　24.3　Facilities for vehicle running and service ······ 152
　　24.4　Facilities for vehicle repair and maintenance ······················· 158
　　24.5　Power and maintenance facilities of depot ····· 160
　　24.6　Comprehensive maintenance center ············ 161
　　24.7　Storehouse ······················· 162
　　24.8　Training center ······················· 163
　　24.9　Rescue facilities ······················· 163
　　24.10　Others ······················· 164
25　Disaster prevention ······················· 165
　　25.1　General requirement ······················· 165
　　25.2　Building fire prevention ······················· 165
　　25.3　Safety evacuation ······················· 167
　　25.4　Water supply for fire protection ············· 169
　　25.5　Fire-extinguishing device ······················· 172
　　25.6　Configuration and monitoring for firefighting equipment ······················· 172
　　25.7　Smoke prevention, smoke exclusion and emergency ventilation ······················· 173
　　25.8　Power supply for disaster prevention and evacuation sign ······················· 175

21

  25.9 Disaster communications ························ 176
  25.10 Fire alarm system ································· 176
  25.11 Other disaster prevention ························ 179
  25.12 Rescue support ···································· 179
26 Environment protection ································· 181
  26.1 General requirement ······························· 181
  26.2 Planning and engineering environment
     protection ··· 182
  26.3 Environmental protection measure ············· 182
Appendix A Calculation method of equipment gauge in
     curve section ·· 184
Appendix B Gauge for type a vehicle ······················ 186
Appendix C Gauge for type b vehicle ······················ 190
Explanation of wording in this standard ···················· 195
List of quoted standards ·· 197
Addition: Explanation of provisions ························· 201

1 总　则

1.0.1 为规范悬挂式单轨交通设计和运营管理，做到安全可靠、技术先进、经济适用、节能环保，制定本标准。

1.0.2 本标准适用于最高运行速度不超过 80 km/h、新建悬挂式单轨交通工程的设计。

1.0.3 悬挂式单轨交通工程设计，应符合经政府及其主管部门批准的总体规划及相关专项规划，线路选择应以客流预测为依据。

1.0.4 悬挂式单轨交通工程的设计年限应分为初期、近期、远期。初期为建成通车后第3年，近期为第10年，远期为第25年。

1.0.5 悬挂式单轨交通工程的设计应统一规划、近远期结合、分期实施。其建设规模、设备容量应按预测的远期客流量和系统设计能力确定。

1.0.6 悬挂式单轨交通线路应为右侧行车制的双线线路，采用独立封闭形式，并宜高密度、短编组组织运行。系统设计远期最大能力应满足行车密度不小于30对/h的要求。

1.0.7 悬挂式单轨交通各线路之间以及悬挂式单轨交通与其他交通形式之间应换乘便捷；宜设置无障碍乘行和使用设施。

1.0.8 悬挂式单轨交通应采用高架敷设；因地形限制或有特殊要求的区段，可采用地下敷设。

1.0.9 悬挂式单轨交通工程的主体结构，以及因损坏或大修会严重影响系统正常运营的其他工程结构，设计使用年限不应低于100年。

1.0.10 悬挂式单轨交通工程抗震设防采用的地震动参数应按现行国家标准《中国地震动参数区划图》GB 18306执行；已进行工程场地地震安全性评价的，应按审批结果取值。

1.0.11 跨越河流和临近河流的悬挂式单轨交通地面和高架工程，应按现行行业标准《铁路桥涵设计规范》TB 10002确定的洪水频率标准进行设计，同时尚应满足现行国家标准《内河通航标准》GB 50139的相关要求。

1.0.12 悬挂式单轨交通的车站、车辆基地、控制中心、开闭所（或主变电站）应根据线网规划统一考虑，充分实现资源共享，在满足安全可靠和使用功能的前提下，应严格控制建设规模，降低工程造价和建成后的运营成本。

1.0.13 悬挂式单轨交通的机电设备及车辆，应采用性能可靠、技术先进、经济合理的产品，立足于国内生产并逐步实现标准化、系列化、自动化。

1.0.14 悬挂式单轨交通应设置对火灾及其他各类灾害、事故、故障的防范和救援设施。

1.0.15 悬挂式单轨交通线路设计应采取降低噪声、减少振动和减少对生态环境影响的措施。

1.0.16 悬挂式单轨交通设计除应遵守本标准外，尚应符合国家现行相关标准和规范的规定。

2 术　语

2.0.1　单轨交通　monorail transit

列车在一条轨道梁上运行的中低运量轨道交通系统。根据车辆与轨道梁之间的位置关系，单轨交通分为跨座式单轨交通和悬挂式单轨交通两种类型。

2.0.2　悬挂式单轨交通　suspended monorail transit

车体悬挂于轨道梁下方的一种单轨交通形式。一般而言，车辆采用橡胶轮胎，列车走行装置位于梁轨合一的轨道梁内。车辆除走行轮外，转向架的两侧有导向轮，导向轮被约束于轨道梁内的两侧腹板间。

2.0.3　设计年限　design life limit

轨道交通工程从建成通车后至目标年的时间段。

2.0.4　设计使用年限　designed lifetime

在设计规定的一般维护条件下，构筑物不需要大修仍可按其预定目的使用的时期。

2.0.5　系统设计运能　system design transport volume

各设计年限内，列车在高峰小时单向输送客流量的能力。

2.0.6　系统设计能力　system design ability

线路的各项设备设施整体所具备的支持列车运行密度的能力。

2.0.7　旅行速度　travelling speed

正常运营情况下，列车从起点站发车至终点站停车的平均运行速度。

2.0.8 最高运行速度　maximum running speed
列车在正常运营状态下所达到的最高速度。

2.0.9 正线　main line
载客列车运营的贯穿全程的线路。

2.0.10 配线　sidings
除正线外，在运行过程中为列车提供收发车、折返、联络、安全保障、临时停车等功能服务的线路。

2.0.11 车辆轮廓线　vehicle profile
设定车辆所有横断面的包络线。

2.0.12 限界　gauge
保障轨道交通安全运行、限制车辆断面尺寸、限制沿线设备安装尺寸及确定建筑结构有效净尺寸的图形及相应定位坐标参数。分为车辆限界、设备限界和建筑限界三类。

2.0.13 车辆限界　vehicle gauge
车辆在平直线上正常运行状态下所形成的最大动态包络线，用以控制车辆制造，以及制定站台和站台门的定位尺寸。

2.0.14 设备限界　equipment gauge
车辆在故障运行状态下所形成的最大动态包络线，用以限制行车区的设备安装。

2.0.15 建筑限界　structure gauge
在设备限界基础上，满足设备和管线安装尺寸的最小有效断面。

2.0.16 站台门　platform edge gate
沿站台边缘设置的围护结构，对应列车车门设有自动开启的门体，防止站台人员或物体坠落轨道区的安全设施。

2.0.17 轨道梁　track beam

既承受列车荷载又兼作运行导向轨道的梁式结构，同时也是供电、信号、通信等缆线及设备的载体。悬挂式单轨交通的轨道梁，通常采用钢结构。

2.0.18 轨道梁桥　rail beam bridge

悬挂式单轨交通轨道梁与桥墩、基础及墩梁悬挂系统或支承系统组成的桥梁体系。

2.0.19 组合桥　combined bridge

当轨道梁需采用大跨结构时，常将标准简支轨道梁或道岔结构架设或悬挂于大跨桥梁上，形成组合结构。组合桥特指支承轨道梁或道岔的桥梁结构。

2.0.20 道岔桥　turnout bridge

由道岔结构与桥墩、基础组成的桥梁结构。

2.0.21 接触网　contact wire system

向悬挂式单轨交通列车输送牵引电能的供电网。

2.0.22 整体平移式道岔　transitional switch

由一根直线梁和一根曲线梁组成，转辙时采用电力驱动，两根道岔梁整体移动，其中任意一根梁和接口轨道梁对接形成岔道，转换列车行驶路线的道岔形式。

2.0.23 芯轨回转式道岔　movable point switch

由一根整体道岔梁和梁上的机构组成，梁内芯轨通过电力驱动，在梁内绕固定点旋转一定的角度，从而在梁内形成岔道，转换列车行驶路线的道岔形式。

2.0.24 大双边供电　over bi-traction power supply

当某一中间牵引变电所退出运行，由两侧相邻牵引变电所对接触网构成双边供电的方式。

2.0.25 维护管理系统　maintenance management system

收集和存储信号系统的设备状态、操作记录和故障日志等运维信息，供维护人员进行日常维护管理、统计查询和故障排查等工作的管理系统。

2.0.26 综合运维管理系统 integrated operation & maintenance support system

实施线路运营信息的自动化监控和数字信息共享的平台系统。该平台通过对机电系统进行信息集成和系统融合，供操作人员对运营过程实施集中监控，提供中心级的事件处理能力。

2.0.27 车辆基地 vehicle base

提供车辆运用和维修、设备设施维护保养、材料物资供应、人员技术培训以及相关生活设施等服务的综合性基地。

3 运营组织

3.1 一般规定

3.1.1 悬挂式单轨交通运营组织设计应根据预测客流量和乘客出行需求,确定系统的运营规模、运营模式和运营管理方式。

3.1.2 悬挂式单轨交通线路的客流预测,应以线网为基础,结合各条线路的建设时序和沿线发展状况,预测初期、近期和远期的客流数据,并应进行客流变化风险分析。

3.1.3 悬挂式单轨交通运营状态应包含正常运营状态、非正常运营状态和紧急运营状态。系统的运营必须在能够保证所有使用该系统的人员和乘客,以及系统设施安全的情况下实施。

3.1.4 悬挂式单轨交通运营模式应明确列车运行、调度指挥、运营辅助系统、维修保障系统和人员组织等内容的管理模式,并应明确在各种运营状态下的管理方式、各子系统之间以及系统与人员组织之间的相互关系。

3.1.5 悬挂式单轨交通系统应在安全防护系统的监控下运行。

3.1.6 设计最高运行速度为 80 km/h 的系统,旅行速度不宜低于 30 km/h。

3.1.7 悬挂式单轨交通在正线上应采用双线、右侧行车制。南北向线路应以由南向北为上行方向,反之为下行方向;东西向线路应以由西向东为上行方向,反之为下行方向;环形线路应以外侧线路为上行方向，内侧线路为下行方向。

3.2 系统运能

3.2.1 系统设计运能应满足各设计年限单向高峰小时最大断面客流量的需求，并宜留有 10%~15%的裕量。系统最大设计运能按下式计算确定：

$$P = N \times Q \qquad (3.2.1)$$

式中 P——系统单向最大设计运能（人/h）；
　　N——高峰小时单向开行列车数（列/h）；
　　Q——列车的定员人数（人/列）。

3.2.2 系统设计能力应满足相应年限设计运能的需要，系统设计远期最大能力应满足行车密度不小于 30 对/h 的要求。

3.2.3 车辆定员应为车辆座位数和车辆有效空余面积站立乘客数之和，车辆有效空余面积站立乘客数宜按 4 人/m^2~6 人/m^2 标准计算。

3.2.4 列车运行间隔应根据各设计年限预测客流量、列车编组及列车定员、系统服务水平、系统运输效率等因素综合确定。初期高峰时段列车最小运行间隔不宜大于 5 min，平峰时段最大运行间隔不应大于 10 min。远期高峰时段列车最小运行间隔不宜大于 3 min，平峰时段最大运行间隔不宜大于 6 min。

3.2.5 全线各折返站的折返能力、支线或车辆基地出入线接轨站的通过能力，应根据远期线路的通过能力和运营要求核定。

3.2.6 新线车辆配置数量应根据运能与运量的匹配要求，以及检修车辆和备用车辆的数量要求，按初期需要进行配置。

3.3 行车组织

3.3.1 运行列车应至少配置一名司机驾驶或监控。

3.3.2 运营应采用独立运行模式，并根据全线客流分布特征，在高峰时段可组织大、小交路运行。

3.3.3 行车组织应与客流需求相适应，既要满足运能需求，又要核查列车满载率，提高运营效率，降低运营成本。

3.3.4 初期列车编组宜与近期编组一致；当近期、远期列车长度相近时，初期列车长度可与远期列车长度一致。编组数量不宜大于8辆，编组长度不宜大于100 m。

3.3.5 日行车计划，应根据设计年限客流量、列车编组定员、系统服务水平、运输效率等因素综合确定。

3.3.6 列车停站时间应根据各设计年限车站上下车客流量、列车的发车间隔、车门数量和开关车门时间等因素计算确定，停站时间不宜小于25 s；在换乘站和折返站，停站时间不宜小于30 s，不宜大于50 s。

3.3.7 进站列车进入有效站台端部时运行速度不宜大于30 km/h；故障或事故列车推进的速度不宜大于30 km/h；列车在车辆基地内的运行速度不宜大于20 km/h。

3.3.8 列车在曲线上的运行速度应根据曲线半径大小确定，曲线限速应按下式计算确定：

$$v_x = 4.31\sqrt{R} \qquad (3.3.8)$$

式中　v_x——列车通过曲线的最大速度（km/h）；
　　　R——曲线半径（m）。

3.4　运营配线

3.4.1　配线设置应在满足线路运营、管理和安全要求的前提下，结合工程条件综合确定。

3.4.2　线路的起终点站或区段折返站应设置折返线或折返渡线。

3.4.3　在线路与其他正线或支线共线运行的接轨站，宜设置进站共线运行方向的平行进路。

3.4.4　列车从支线或车辆基地出入线进入正线前应具备一度停车条件，经过核算不能满足信号安全距离要求时，应设置安全线。

3.4.5　出入线宜设置为双线，并不宜与正线平面交叉；采用八字形接轨时，出入线应具有双向发车条件。

3.4.6　沿线每隔5座～6座车站或8 km～10 km应设置故障列车停车线，站间距较大时宜统筹考虑，并根据故障运行和维修作业的要求，设置必要的渡线。

3.4.7　远离车辆基地的起终点车站，宜设置存车线。

3.5　运营管理

3.5.1　悬挂式单轨交通应设置控制中心，负责所管辖线路的列车运行调度指挥、电力监控、环境及防灾报警系统监控、机电设备系统的维修等管理工作。根据线网资源共享条件，控制中心可多线共用。

3.5.2 运营管理机构和人员数量的安排以专业化和社会化相结合确定，加大社会化力度，减少专业人员编制。一般情况下，每条线路的运营管理总人数的定员指标不宜超过 40 人/km，首条线路定员指标可适当放宽。

3.5.3 运营管理机构应对不同运营状态制定相应的管理规程和规章制度，包括工作流程和岗位责任，确保系统在正常、非正常和紧急状态下的运营要求。

3.5.4 车站设备应满足智能化需求，可由控制中心和车站两级管理或控制中心、车站、就地三级管理。

3.5.5 车站站台应设服务人员，维持乘客乘车秩序和安全，照顾行动不便的乘客安全。

3.5.6 票制宜采用计程计时票价制。自动售检票系统应具备对客流数据和票务收入进行自行统计的功能。

3.5.7 列车乘务制度宜采用单司机、轮乘制。

3.5.8 车站设备维修和紧急抢修任务应由维修中心统一负责，采用巡视检查和定期维修相结合的方式。

3.5.9 当列车进行站后折返时，不得带客进入折返线。

3.5.10 车站内应有明显的导向标志，保障客流路径畅通，并应具有足够的紧急疏散能力。

3.5.11 运营期间应制订相应的防灾、救援及防恐预案，最大限度保证乘客生命财产及人员、设备安全。

4 车　辆

4.1 一般规定

4.1.1 车辆类型应根据预测客流量、环境条件、线路条件、运输能力要求等因素综合比较选定。

4.1.2 悬挂式单轨交通车辆的设计应符合下列规定：

　　1 车辆应采用转向架位于中空下部开口的轨道梁内，车体通过悬吊装置悬挂在转向架下方的结构形式。

　　2 供电方式：接触网供电或车载储能装置供电。

　　3 供电电压：DC 750 V 或 DC 1500 V。

　　4 车体结构材料：铝合金、不锈钢或新型复合材料。

　　5 车辆种类：单司机室动车（Mc 车）、无司机室动车（M 车）、单司机室拖车（Tc 车）、无司机室拖车（T 车）。

4.1.3 悬挂式单轨交通车辆的主要技术规格可参照表4.1.3选定。

表 4.1.3　悬挂式单轨交通车辆主要技术规格

项目名称	悬挂式单轨交通 A 型车	悬挂式单轨交通 B 型车	备注
轨道梁内尺寸宽度（mm）	880	780	
轨道梁内尺寸高度（mm）	≥1250	≥1100	
轨道梁下部开口宽度（mm）	240	240	
车体基本长度（mm）	10000	9000	

续表

项目名称	悬挂式单轨交通A型车	悬挂式单轨交通B型车	备注
允许头车车体加长量（mm）	≤2000	≤2000	
车体基本宽度（mm）	2500	2300	
地板面处车体宽度（mm）	2240	2164	
车辆最下部距轨道梁走行面高度（mm）	3700	3380	
车内净高（mm）	≥2100	≥2100	
地板面距轨道梁走行面高度（mm）	3350	3115	
走行轮直径（mm）	新轮640 旧轮620	新轮540 旧轮530	AW0
导向轮直径（mm）	新轮280 旧轮270	新轮280 旧轮270	
每辆车每侧客室门数（对）	1或2	1或2	
客室门有效开度（mm）	1300（2门） 1600（1门）	1300（2门） 1600（1门）	净宽度
客室门洞高度（mm）	≥1820	≥1820	净高度
车钩形式	头车前端采用半自动或全自动车钩；中间采用半永久牵引杆		
转向架形式	采用橡胶导向轮与橡胶走行轮结构的两轴转向架		
轴重（t）	≤5	≤4	
座席数（席）	≥24	≥16	
定员人数（人）	≥72	≥52	4人/m²
	≥92	≥62	6人/m²

续表

项目名称	悬挂式单轨交通A型车	悬挂式单轨交通B型车	备注
超员人数（人）	≥122	≥77	9人/m²
最高运行速度（km/h）	80	60	
构造速度（km/h）	90	70	
平均启动加速度（m/s²）	≥0.83	≥0.9	0~30 km/h
常用制动减速度（m/s²）	≥1.0	≥1.0	
紧急制动减速度（m/s²）	≥1.2	≥1.2	
纵向冲击率（m/s³）	≤0.75	≤0.75	
平稳性指标	≤2.75	≤2.75	符合现行国家标准《铁道车辆动力学性能评定和试验鉴定规范》GB/T 5599
行驶噪声[dB（A）] v=60 km/h	72（车内）	72（车内）	测试方法采用现行国家标准《城市轨道交通列车噪声限值和测量方法》GB 14892
	75（车外）	75（车外）	地面距轨道中心7.5 m处
最大坡度（‰）	104	104	
最小曲线半径（m）	30	30	

注：1 定员人数中4人/m²、6人/m²及超员人数中9人/m²是指每平方米有效空余地板面积站立的人数，人均体重按60kg计算。

2 有效空余地板面积，指客室地板总面积减去座椅垂向投影面积和投影面积前250 mm内高度不低于1800 mm的面积。

4.1.4 车辆限界应符合本标准第 5 章的相关规定。

4.1.5 列车编组根据客运能力要求，可由若干基本单元组成；每个基本单元由 2 或 3 辆车组成。

4.1.6 悬挂式单轨交通车辆的使用条件应符合下列规定：

1 车辆应能承受风、沙、雨、雪的侵袭，且应满足项目所在地的使用环境条件。

2 车辆应确保在寿命周期内正常运行时的行车安全和人身安全，同时应具备故障、事故和灾难情况下对人员和车辆救助的条件。

3 车辆及其内部设施、设备应使用不燃材料或无卤、低烟的阻燃材料。

4 车载电气设备和车辆上安装的控制、调节、保护、供电等电子装置应符合现行行业标准《机车车辆电气设备电磁兼容性试验及其限值》TB/T 3034 和现行国家标准《轨道交通 机车车辆电子装置》GB/T 25119 的相应规定。

4.1.7 悬挂式单轨交通列车应具有下列故障运行能力：

1 在超员工况下，当列车丧失 1/4 动力时，应能维持运行到终点。

2 在超员工况下，当列车丧失 1/2 动力时，应具有在正线最大坡道上启动和运行到最近车站的能力。

3 一列空载列车应能在正线最大坡道上推送一列故障的超载无动力列车至最近车站。

4.1.8 车辆宜具备应急储能装置，当外部电源断电时，满足运行到最近车站的要求。

4.1.9 车体结构设计使用年限不应低于 30 年。

4.1.10 头车前端车钩应设置缓冲装置，且能有效吸收撞击能量，缓和冲击。

4.2 安全和应急设施

4.2.1 列车端部车辆应设有紧急疏散门。组成列车的各车辆之间应贯通。疏散门和贯通道的宽度不应小于 600 mm，高度不应低于 1800 mm。

4.2.2 车辆客室应配备乘客缓降设施。

4.2.3 车辆应设置防漏电保护装置，车体上应装设与车站和车辆基地内接地板相匹配的接地电刷。车辆内各电气设备应采取可靠的保护接地，接地线应有足够的截面面积。

4.2.4 列车应具有纵向救援、横向救援及垂向救援能力并配备相应的设施。

4.2.5 列车必须配备储能式停放制动装置。停放制动的能力必须满足列车在超员条件下能在最大坡道上的可靠停放。

4.2.6 列车应设有报警系统，客室内应设有乘客紧急报警装置。乘客紧急报警装置应具有列车驾驶员与乘客间双向通信功能。当采用无人驾驶运行模式时，客室内应设置乘客与控制中心或控制室的通信联络装置，实现值守人员与乘客的双向语音通信，值守人员与乘客通话应具有最高优先权。

4.2.7 客室车门系统应设置安全联锁，应确保列车在车速大于 3 km/h 时不能开启车门、车门未全关闭时不能启动列车。

4.2.8 客室、司机室应配置便携式灭火器具，安放位置应有明显标识且便于取用。

4.3 车辆与相关系统

4.3.1 车辆主保护系统与变电站保护系统应实现保护协调，在所有故障情况下应保证车辆主保护安全分断。

4.3.2 列车在实施制动时，宜采用再生制动能量吸收装置。

4.3.3 列车应设有广播系统、无线通信系统、信息显示系统、视频监控装置、乘客与司机的应急对讲装置。车辆广播系统应与无线通信系统连接。

4.3.4 车辆应装设列车自动防护系统（ATP）或列车自动控制系统（ATC）信号车载设备。

4.3.5 由浮充电蓄电池供电的设备，其标称电压应选用110 V及24 V，其额定工作电压应符合现行国家标准《铁路应用 机车车辆电气设备 第1部分：一般使用条件和通用规则》GB/T 21413.1的有关规定。

蓄电池容量应能满足车辆在故障及紧急情况下车门控制、应急通风、应急照明、外部照明、车辆安全设备、广播、通信等系统工作不低于30 min，以及30 min后列车车门能开关门一次的要求。蓄电池箱应采用二级绝缘安装。蓄电池箱上应采取防止正极和负极短路的保护措施。

5 限 界

5.1 一般规定

5.1.1 悬挂式单轨交通的限界分为车辆限界、设备限界和建筑限界。

5.1.2 车辆限界可按隧道内外区域分为隧道内车辆限界和隧道外车辆限界，也可按列车运行区域分为区间车辆限界、站台计算长度内车辆限界和车辆基地内车辆限界，以及可按所处地段分为直线车辆限界和曲线车辆限界。

5.1.3 设备限界可按所处地段分为直线设备限界和曲线设备限界。

5.1.4 建筑限界应分为隧道建筑限界、高架建筑限界。隧道建筑限界可按工程结构形式分为矩形隧道建筑限界、马蹄形隧道建筑限界和圆形隧道建筑限界。建筑限界中不应包括测量误差、施工误差、结构位移和变形等因素。

5.1.5 相邻区间线路，当两线间无墙、柱及设备时，两设备限界之间的安全间隙不应小于 100 mm；当两线间有墙或柱时，应按建筑限界加上墙或柱的宽度及其施工误差确定。

5.1.6 本标准适用的悬挂式单轨交通车辆的主要技术规格应符合本标准第 4.1.3 条的规定。车辆限界和设备限界应符合本标准附录 B 及附录 C 的规定。当选用车辆的基本参数与本标准不同时，应重新核算车辆限界、设备限界和建筑限界。

5.2 基本参数

5.2.1 制定限界的各型车辆基本参数应符合表 5.2.1 的规定。

表 5.2.1 各型车辆基本参数

参　　数	车型	
	A 型	B 型
计算车体长度（mm）	10000	9000
计算车体宽度（mm）	2500	2300
车辆最下部距轨道梁走行面高度（mm）	3700	3380
计算车辆定距（mm）	7100	6400
地板面距轨道梁走行面高度（mm）	3350	3115
地板面处车体宽度（mm）	2240	2164

注：本表供限界设计使用，应考虑悬挂部件的失效。

5.2.2 制定限界的其他参数应符合表 5.2.2 的规定。

表 5.2.2 制定限界的基本参数

参数	车型	
	A 型	B 型
高架线运营允许最大风速（km/h）	90	
区间直线段限界列车计算速度（km/h）	80	60
过站限界列车计算速度（km/h）	30	30
区间车辆单侧最大摆角（°）	6	7
车站单侧导向间隙（mm）	50	50

5.3 建筑限界

5.3.1 建筑限界坐标系，应为正交于线路中心线平面内的直角坐标，通过轨道梁内走行面中点引出的坐标轴为水平轴，以 Y 表示，通过该中点垂直于水平轴的坐标轴为垂直轴，以 Z 表示。

5.3.2 隧道外建筑限界的确定，应符合下列规定：

1 隧道外的区间建筑限界，应按隧道外设备限界及设备安装尺寸计算确定。

2 设备和设备限界之间的安全间隙不应小于 50 mm。当建筑侧面和底面没有设备和管线时，建筑限界和设备限界之间的安全间隙不宜小于 200 mm，困难条件下不应小于 100 mm。

3 建筑限界高度应根据轨道梁系统的高度确定。

5.3.3 矩形隧道建筑限界应符合下列规定：

1 直线地段矩形隧道建筑限界，应在直线设备限界基础上，按下列公式计算确定：

$$B_S = B_L + B_R \quad (5.3.3\text{-}1)$$

$$B_L = Y_{S(max)} + b_L + c \quad (5.3.3\text{-}2)$$

$$B_R = Y_{S(max)} + b_R + c \quad (5.3.3\text{-}3)$$

$$H = h_1 + h_2 + h_3 \quad (5.3.3\text{-}4)$$

式中　　B_S ——建筑限界宽度；
　　　　B_L ——行车方向左侧墙或柱至线路中心线净空距离；
　　　　B_R ——行车方向右侧墙或柱至线路中心线净空距离；
　　　　H ——自结构底板至隧道顶板建筑限界高度；
　　　　$Y_{S(max)}$ ——直线地段设备限界最大宽度值（mm）；

b_L，b_R ——左、右侧设备、支架等最大安装宽度值（mm）；
c ——安全间隙，取 50（mm）；
h_1 ——设备限界高度（mm）；
h_2 ——轨道梁系统高度（mm）；
h_3 ——设备限界与底部建筑限界安全间隙，取 200（mm）。

2 曲线地段矩形隧道建筑限界，应在曲线设备限界基础上，按下列公式计算确定：

$$B_a = Y_{Ka(max)} + b_R（或\ b_L）+ c \quad (5.3.3-5)$$

$$B_i = Y_{Ki(max)} + b_L（或\ b_R）+ c \quad (5.3.3-6)$$

$$B_u = Y_{Kh(max)} + h_2 + 200 \quad (5.3.3-7)$$

式中 B_a ——曲线外侧建筑限界宽度；
B_i ——曲线内侧建筑限界宽度；
B_u ——曲线建筑限界高度；
$Y_{Ka(max)}$，$Y_{Ki(max)}$，$Y_{Kh(max)}$ ——曲线地段设备限界最大值（mm）。

3 矩形隧道建筑限界高度，宜统一采用曲线地段最大高度。

5.3.4 单线圆形、马蹄形隧道的建筑限界，应根据隧道内车辆与轨道梁的悬挂方式确定。

5.3.5 圆形或马蹄形隧道在曲线地段，宜采用隧道中心向线路基准线内侧偏移的方法解决车辆偏转造成的内外侧不均匀位移量。

5.3.6 道岔区的建筑限界，应在直线地段建筑限界的基础上，根据不同类型的道岔和车辆技术参数，按曲线轨道参数计算后进行加宽。

5.3.7 车站直线地段建筑限界应符合下列规定：
1 站台面的高度不应高于车厢地板面。

2 站台计算长度内的站台边缘至线路中心线的距离，应按不侵入车站车辆限界确定。站台边缘与车辆轮廓线之间的间隙，当车辆采用塞拉门时采用 100^{+5}_{0} mm，当车辆采用内藏门或外挂门时采用 70^{+5}_{0} mm。

3 站台计算长度外的站台边缘距线路中心线的距离，宜按设备限界另加不小于 50 mm 的安全间隙确定；

4 站台门的滑动门体至车辆轮廓线（未开门）之间的净距，当车辆采用塞拉门时，应采用 130^{+15}_{-5} mm，当车辆采用内藏门或外挂门时，应采用 100^{+15}_{-5} mm。

站台门或安全栅栏轨道侧最外突出点（含弹簧变形量）至车辆限界之间的安全间隙应不小于 25 mm。

5 车站范围内其余部位的建筑限界，按区间建筑限界的规定确定。

5.3.8 曲线站台边缘至车门门槛之间的间隙，应按站台类型、车辆参数和曲线半径计算确定。曲线车站站台边缘与车厢地板面高度处车辆轮廓线的水平间隙不应大于 180 mm。

5.3.9 车辆基地内建筑均应符合下列规定：

1 车辆基地库外限界应按区间限界规定执行。

2 车辆基地库内检修平台的高平台不得侵入车辆限界，低平台应采用车站站台建筑限界。

3 车辆基地库外连续建筑物至车辆限界的净距不应小于 600 mm。

5.4 轨道区设备和管线布置原则

5.4.1 轨道区内安装的管线（含支架）宜布置在轨道梁内，

严禁侵入轨道梁内的转向架限界。安装在车辆运行区域两侧的设备和管线（含支架）与设备限界应保持不小于 50 mm 的安全间隙。

5.4.2 强、弱电设备宜分别布置在轨道梁内两侧；当必须布置在同侧或轨道梁内顶部时，其间隔距离应符合现行国家标准《电力工程电缆设计规范》GB 50217 和现行行业标准《民用建筑电气设计规范》JGJ 16 的相关规定。

5.4.3 区间内的各种管线宜保持顺直。

6 线 路

6.1 一般规定

6.1.1 悬挂式单轨交通的线路按其在运营中的作用,分为正线、配线和车场线。

配线包括出入线、联络线、折返线、停车线、渡线、安全线。

6.1.2 线路的基本走向应根据总体规划和相关专项规划研究后确定。

线路平面位置和高程应综合考虑现状与规划的道路、地面建筑物、管线和其他构筑物、文物古迹和环境保护要求、地形地貌、工程地质和水文地质、采用的结构类型与施工方法以及运营要求等因素,经技术经济比较后确定。

6.1.3 高架线结构外缘与建筑物的距离应符合现行国家标准《建筑设计防火规范》GB 50016 的有关规定。高架线应减小对地面道路交通、周围环境和城市景观的影响。

6.1.4 线路应按右侧行车双线独立运行设计,有需要时局部区段可按共线运行设计。

6.1.5 悬挂式单轨交通线路之间交叉,以及与其他交通线路交叉时,必须采用立体交叉方式。

6.1.6 车站分布应以规划线网的换乘节点、城市交通枢纽点为基本站点,结合道路布局和客流集散点分布确定。

车站间距应根据城市轨道交通线网布局、线路性质、客流吸引范围、城市道路布局来确定。市区中心和居民稠密地区宜为 1 km，市区外围根据具体情况加大站间距离。

6.1.7 全线车站、区间及车场应设置线路、信号机控制测量等标志、标线。

6.2 线路平面

6.2.1 悬挂式单轨交通线路沿城市道路敷设时，其平面线形应与城市道路线形及城市景观要求配合协调。

6.2.2 线路平面曲线半径应依据车辆类型、行车速度、周边地形、地质、地物等条件，并考虑对工程、运营的影响来确定。线路正线最小曲线半径一般情况下为 200 m，不宜小于 50 m，极限情况下不应小于 30 m。

6.2.3 双线并行地段平面曲线宜按同心圆进行设计。

6.2.4 线路平面设计应优先采用两端等长缓和曲线的单曲线线形，特殊困难条件下，经技术经济比较后，可采用复曲线线形或两端不等长缓和曲线的单曲线线形。

6.2.5 正线上除道岔区外，在直线与半径不大于 2000 m 的圆曲线间均应采用三次抛物线形的缓和曲线连接。缓和曲线长度应根据曲线半径、最高行车速度或曲线限速，按不小于表 6.2.5 中规定值选用。特殊困难条件下,可采用不小于按 1 m 整数倍的缓长计算值。

当采用复曲线线形时，两圆曲线间插入的缓和曲线长度应等于或大于分别按两圆曲线半径求得的缓和曲线长度差值，且不应小于 20 m。

表 6.2.5 缓和曲线长度 L(m)

R(m)	v(km/h)												
	80	75	70	65	60	55	50	45	40	35	30	25	20
2500													
2000	20	20											
1500	25	25	20										
1200	30	30	20	20									
1000	40	35	25	20	20								
900	45	35	30	25	20								
800	50	40	35	25	20								
700	55	45	35	30	25	20							
650	60	50	40	35	25	20							
600	65	55	40	35	30	20							
550	70	55	45	40	30	25	20						
500	75	65	50	40	35	25	20						
450	85	70	55	45	35	30	20						
400	95	80	65	50	40	30	25	20					
350	105	90	70	60	45	35	30	20					
300		100	85	70	55	40	30	25	20				
250				80	65	50	40	30	20				
200					80	60	45	35	25	20			
150						60	45	35	25				
100							70	50	35	20			
75								45	30	20			
50									40	25			
30													20

注：R 为曲线半径（m）；v 为设计速度（km/h）；L 为缓和曲线长度（m）。

6.2.6 车站宜设置在直线上。当设于曲线上且不设站台门时，线路平面曲线半径不应小于 400 m；当设于曲线上并设站台门时，线路平面曲线半径不应小于 800 m。

6.2.7 正线夹直线及圆曲线最小长度不应小于 20 m。

6.2.8 采用 Y 形墩的双线并行地段，线间距应不小于建筑限界宽度加支柱宽度，并应考虑施工误差、结构变形等影响留出必要裕量。

6.3 线路纵断面

6.3.1 悬挂式单轨交通线路纵断面设计高程控制点定在轨道梁底板的上表面，全线轨道梁不设超高。

6.3.2 线路纵断面应结合线路平面、行车速度、自然条件、线路敷设方式、周边建（构）筑物、道路、环境质量以及工程条件进行设计。

双线并行地段宜按等高程设计。

沿城市道路敷设的高架线路，悬挂式单轨交通建筑限界下净高应符合城市道路规定，其线路纵坡宜与城市道路基本一致。当线路与其他线路、其他交通形式或建构筑物交叉时，应同时满足双方的净空及限界要求。

6.3.3 区间正线的最大坡度不宜大于 80‰。

曲线上纵坡的坡度折减值按下列公式计算：

$$\Delta i = 800/R \quad (6.3.3)$$

式中 Δi——坡度折减值（‰）；
R——圆曲线半径（m）。

6.3.4 线路坡段长度不应小于远期列车长度，并应满足相邻竖曲线间的夹坡段长度不宜小于 40 m、困难条件下不应小于 20 m 的要求。

6.3.5 车站纵坡设置应符合下列要求：

1 车站站台宜设在平坡上，困难情况下可设在不大于2‰的坡道上。

2 车站站台范围内的线路应设置在一个坡道上，且两端竖曲线不得侵入站台范围。

3 有条件时车站宜布置在纵断面的凸形部位上，并设置合理的进出站坡度。

6.3.6 竖曲线设置应符合下列要求：

1 相邻坡段的连接宜设计为较小的坡度差，当相邻坡度代数差等于或大于2‰时应设置圆曲线形竖曲线，竖曲线半径按表6.3.6取值。

表 6.3.6 竖曲线半径（m）

线 别		一般情况	困难情况
正 线	区 间	5000	2500
	车站端部	2500	1000
联络线、出入线、车场线		800	

2 车站站台计算长度和道岔梁范围内不得设置竖曲线，竖曲线离开道岔梁端部的距离不应小于5 m。

3 竖曲线最小长度及相邻竖曲线间夹坡段长度均不应小于一辆车长度，宜按20 m计，同时应避免一节轨道梁出现三种线形。

4 竖曲线和平面缓和曲线不宜重叠。

6.3.7 当纵坡等于或大于30‰时，连续爬坡高度不宜超过24 m。超过24 m后应根据线路条件和列车动力进行检算。

6.4 配线、车场线及道岔

6.4.1 配线及车场线最小平面曲线半径和最大纵坡应根据功能、行车速度确定，并应符合表 6.4.1 的规定。

表 6.4.1 配线、车场线线路参数表

线别		折返线	出入线	停车线及渡线	联络线	车场线
最小平面曲线半径（m）	一般	100	100	100	100	50
	困难	—	30	—	—	30
最大纵坡（‰）	一般	平坡	80	平坡	80	平坡
	困难	3	—	3	—	3

6.4.2 试车线宜为平直线。困难条件下允许在线路端部设曲线，最小曲线半径不应小于 250 m，缓和曲线应采用区间正线标准；纵坡一般为平坡，困难条件下可设在不大于 5‰的坡道上。

6.4.3 道岔设置应符合下列要求：

1 道岔设置应满足正线运营、乘客舒适度、列车折返及出入车辆基地和车辆基地内调车的需要。

2 道岔应设在直线地段，道岔梁端部至平面曲线起点的距离不宜小于 5 m，车辆基地线可减少到 3 m。

3 道岔宜靠近车站设置，道岔梁端部至车站站台计算长度端部的距离不应小于 5 m。

4 道岔宜设在平坡上，困难条件下可设在不大于3‰的坡道上。

5 道岔与道岔之间应设置过渡轨道梁段联结。

6 道岔具有折返要求时，应采用芯轨回转式道岔；其余可采用芯轨回转式道岔或整体平移式道岔。

6.4.4 折返线和停车线设置应符合下列规定：

1 尽端式折返线有效长度宜按远期列车长度加 40 m 计（不含车挡长度）；尽端式存车线、停车线有效长度宜按远期列车长度加 24 m 计（不含车挡长度）；贯通式折返线、存车线、停车线有效长度宜按远期列车长度加 10 m 计（不含车挡长度）。

2 具有夜间停放车辆功能的配线，应布置在面向车挡或区间的下坡道上，隧道内的坡度宜为 2‰，高架桥上的坡度不应大于 3‰。

6.4.5 安全距离与安全线的设置应符合下列规定：

1 支线与正线接轨的车站应设置平行进路；在出站方向接轨点道岔处警冲标至有效站台端部的距离不应小于 40 m，无法满足时应设置安全线。

2 车辆综合基地出入线，在车站接轨点前、停车点至警冲标之间的距离不应小于 40 m，无法满足时应设置安全线。采用八字形布置在区间与正线接轨时，应设置安全线。

3 列车折返线及停车线末端与正线接轨时均应设置安全线，安全线自列车停车点至车挡前长度不宜小于 40 m（不含车挡长度）。

4 安全线应设置在平坡或面向车挡下坡的直线上。

7 轨道梁桥

7.1 一般规定

7.1.1 轨道梁桥主体结构的设计使用年限为100年。

7.1.2 钢筋混凝土、预应力混凝土和钢结构，应按容许应力法设计。

7.1.3 跨越河流时，洪水频率应按现行行业标准《铁路桥涵设计规范》TB 10002确定。

7.1.4 轨道梁为"梁-轨"合一构件，直接作为列车的行驶轨道，梁体线形应与线路的平面和纵断面线形吻合，并可兼作系统设备的通道。

7.1.5 轨道梁各部位尺寸应满足列车走行轮、导向轮（或稳定轮）走行要求，同时应满足通信、信号及供电等系统在轨道梁体上的安装要求。

7.1.6 轨道梁桥应具有足够的竖向、横向和抗扭刚度，并保证结构的整体性和稳定性以及行车的舒适性和安全性。

7.1.7 轨道梁桥、组合桥及道岔桥应满足轨道梁安装要求，并应满足各种线缆、设备及避雷接地装置的安装要求；道岔桥和道岔平台还应满足道岔平面布置、道岔及其控制系统的安装要求。

7.1.8 轨道梁采用下部开口的钢箱梁结构，列车走行系统位于轨道梁内部，一般地段宜采用等跨简支结构，并宜采用工厂制造、现场架设的施工方法。

7.1.9 轨道梁跨径应通过技术经济比选确定，并应考虑运输条件和现场施工条件。跨径一般采用 20 m～30 m，最大不宜超过 50 m；当采用更大跨径时，宜对轨道梁结合桥型进行组合设计。

7.1.10 轨道梁桥结构应构造简洁、力求标准化并满足耐久性要求，同时满足车辆安全运行和乘客乘坐舒适度的要求。其结构形式、结构体量应充分考虑建设场地周边的景观要求。

7.1.11 轨道梁下净空除满足自身建筑限界要求外，还应满足线路下方铁路、公路、航道等净空的要求。

7.1.12 结构材料应符合下列规定：

    1 轨道梁和道岔梁应采用钢结构，其质量应符合现行国家标准《桥梁用结构钢》GB/T 714 的规定；轨道梁桥和道岔桥桥墩宜采用钢结构，其质量应符合现行国家标准《桥梁用结构钢》GB/T 714 的规定；基础采用钢筋混凝土，混凝土强度等级不宜低于 C30。

    2 组合桥的梁部结构采用预应力混凝土、钢筋混凝土时，混凝土强度等级不宜低于 C40；桥墩采用钢筋混凝土时，混凝土强度等级不宜低于 C35；基础采用钢筋混凝土时，混凝土强度等级不宜低于 C30。

    3 组合桥采用钢结构时，其质量应符合现行国家标准《桥梁用结构钢》GB/T 714 的规定。

    4 有耐久性要求的混凝土强度等级应符合现行行业标准《铁路混凝土结构耐久性设计规范》TB 10005 的相关规定。

7.1.13 钢结构保护涂装应符合现行行业标准《铁路钢桥保护涂装及涂料供货技术条件》TB/T 1527 的规定。

7.1.14 轨道梁及其与组合桥连接的疲劳性能验算参照现行行业标准《铁路桥梁钢结构设计规范》TB 10091 相关规定执行。

7.2 结构变形及沉降限值

7.2.1 在列车静活载作用下，简支轨道梁的竖向挠度不应超过其跨度的 1/1000，连续轨道梁的竖向挠度限值按相同跨度简支梁的 1.1 倍取用。道岔梁竖向挠度不应超过跨度的 1/1400。超过 50 m 的大跨度或特殊结构的轨道梁桥，应按实际运营列车进行车桥耦合振动仿真分析，评估桥梁结构动力性能和乘车舒适性。

7.2.2 在列车静活载作用下，轨道梁桥由于挠度产生的梁端（单端）竖向折角不应大于 3‰rad，道岔梁梁端（单端）竖向转角不应大于 2‰rad。

7.2.3 桥梁的竖向振动加速度限值为 $0.5g$。

7.2.4 轨道梁桥墩顶顺桥方向的弹性水平位移应满足下式要求：

$$\Delta \leqslant 5\sqrt{L} \qquad (7.2.4)$$

式中 Δ——桥墩顶面处水平位移（mm），包括墩身和基础的弹性变形，以及基底土弹性变形的影响。

L——桥梁跨度（m），当为不等跨时，采用相邻跨中的较小跨度，当 $L<25$ m 时，按 25 m 计。

7.2.5 在列车荷载、横向摇摆力、离心力、风力和温度力的作用下，桥墩横向水平位移差引起的轨道梁端两侧水平折角不得大于 4‰ rad。

7.2.6 轨道梁桥基础沉降应按恒载计算。

对于静定结构，其总沉降量与施工期间沉降量之差，不应超过下列容许值：

桥墩均匀沉降量：20 mm；

相邻桥墩沉降量之差：10 mm。

对于超静定结构，其相邻桥墩不均匀沉降量之差的容许值还应根据沉降对结构产生的附加应力影响来确定。

7.2.7 轨道梁、轨道梁桥、组合桥和道岔桥应设置预拱度，预拱度值取恒载与 1/2 列车竖向静荷载所产生的挠度之和，方向相反。

7.3 荷 载

7.3.1 悬挂式单轨交通轨道梁桥结构设计，应根据结构的特性按照表 7.3.1 所列的荷载，就其可能出现的最不利组合情况进行计算。

表 7.3.1 轨道梁桥荷载分类表

荷载分类		荷载名称	荷载分类	荷载名称
主力	恒载	结构自重 附属设备和附属建筑自重 预加应力 基础变位的影响 土压力 静水压力及浮力	附加力	列车制动力或牵引力 风力 温度影响力 流水压力
	活载	列车竖向静活载 列车竖向动力作用 列车离心力 列车横向摇摆力	特殊荷载	船只或汽车的撞击力 地震力 施工临时荷载 车挡的影响

注：1 如杆件的主要用途为承受某种附加力，则在计算此杆件时，该附加力应按主力计；
  2 列车横向摇摆力不与离心力、风力组合；
  3 流水压力不与制动力或牵引力组合；
  4 地震力与其他荷载的组合应按现行国家标准《铁路工程抗震设计规范》GB 50111 的规定执行；
  5 计算中要求考虑的其他荷载，可根据其性质，分别列入上述四类荷载中。

7.3.2 轨道梁桥设计仅应考虑主力与一个方向（纵向或横向）的附加力组合。

7.3.3 根据不同的荷载组合，应将材料基本容许应力和地基容许承载力乘以不同的提高系数，提高系数按表 7.3.3 选取。

表 7.3.3 荷载组合及容许应力提高系数表

序号	荷载组合	容许应力提高系数
1	恒载+列车竖向静荷载+列车竖向动力作用+列车横向荷载或离心力	1.00
2	1+温度影响力	1.15
3	1+风荷载	1.15
4	1+温度影响力+风荷载	1.30
5	1+列车制动力及牵引力	1.20（1.00）
6	1+车挡的影响	1.4
7	1+船只或汽车的撞击力	1.4
8	轨道梁运输、架设工况组合荷载	1.2
9	恒载+列车竖向静荷载+列车竖向动力作用+地震力+温度影响力	1.5

注： 1 曲线上离心力与列车横向荷载取不利者计算；
   2 组合 3 还应考虑恒载+风荷载（无车）的情况；
   3 组合 5 中括号内为高架车站的提高系数；
   4 曲线上的荷载组合应考虑曲线停车状态的影响；
   5 高架车站考虑地震力时，可不计列车竖向动力作用；
   6 对于超静定结构，计算支点位移的影响时，容许应力不提高，但能保证完全恢复时，可采用 1.15 的提高系数。

7.3.4 计算结构自重时，一般材料重度应按现行行业标准《铁路桥涵设计规范》TB 10002 规定取用；对于附属设备和附属建筑的自重或材料重度，可按所属专业的现行规范或标准取用。

焊接钢结构焊缝的重量取钢结构自重的 1.5%。

7.3.5 列车竖向静活载确定应符合下列规定：

1 列车竖向静活载图式应按采用列车的轴重、轴距及近、远期中最长的列车编组确定。

2 轨道梁设计按照单线行驶列车竖向荷载布置。

3 轨道梁桥下部结构设计，单线、双线、多于两线的情况，按列车同时作用于每一条线路考虑，荷载不作折减。

4 影响线加载时，活载图式不可任意截取。

7.3.6 悬挂式单轨交通车辆荷载、列车竖向静荷载和列车计算重心位置应按照超员、定员和空车三种状态考虑，并应符合下列要求：

1 正线、出入线、试车线、折返线、故障车停车线应按照超员状态荷载计算。

2 车辆段内其他库线按照定员状态计算。

3 考虑疲劳和地震力影响时，按照定员状态计算。

4 考虑车挡影响时，按照空车状态计算。

7.3.7 列车竖向活载包括列车动力作用时，为列车竖向静活载乘以动力系数 $(1+\mu)$，动力系数按下式计算：

$$1+\mu = 1+\frac{20}{45+L} \quad (7.3.7\text{-}1)$$

式中 L——桥梁跨度（m）。

疲劳计算时的列车竖向活载为定员列车竖向静活载乘以运营动力系数（$1+\mu_f$），运营动力系数按下式计算：

$$1+\mu_\mathrm{f} = 1+\frac{10}{45+L} \qquad (7.3.7\text{-}2)$$

式中 L——桥梁跨度（m）。

7.3.8 位于曲线上的轨道梁桥应考虑列车产生的离心力，其大小等于列车静活载乘以离心力率 C，C 值按下式计算：

$$C = \frac{v^2}{127 \times R} \qquad (7.3.8)$$

式中 v——本线设计最高列车速度（km/h）；
　　R——曲线半径（m）。

　　计算离心力时，按照曲线能通过的最大设计速度计算。
　　轨道梁不设超高，离心力作用于列车车辆的重心处。

7.3.9 列车横向摇摆力宜按列车设计荷载单轴重的 25%计，在轨道梁车辆走行面位置以水平集中力的形式作用于垂直轨道梁轴线方向。

7.3.10 列车制动力或牵引力沿线路纵向作用于轨道梁的承轨面处，按列车竖向静活载的 15%计算。
　　轨道梁设计按单线计算列车制动力或牵引力。
　　轨道梁桥下部结构设计时，制动力或牵引力应移至悬挂结构轴承中心处，双线时应采用二线的制动力或牵引力；三线或三线以上时按照最不利情况考虑，不作折减。

7.3.11 制动力或牵引力在轨道梁固定支座端和活动支座端的分配应按下列公式计算：

$$P_1 = T - \mu \times R \qquad (7.3.11\text{-}1)$$
$$P_2 = \mu \times R \qquad (7.3.11\text{-}2)$$

式中 P_1——作用于固定支座端的水平荷载；
　　P_2——作用于活动支座端的水平荷载；

T——作用于梁跨内的水平荷载；
R——作用于活动支座上的荷载反力；
μ——支座摩擦系数。

7.3.12 轨道梁桥风荷载强度应按现行行业标准《铁路桥涵设计规范》TB 10002 的规定取值。

梁下有车时，轨道梁风荷载按照 80%计算。

轨道梁设计按单线计算轨道梁和列车风荷载。

轨道梁桥下部结构设计，双线轨道梁桥，线路等高时按照 100%、50%分别计算两线的列车和轨道梁风荷载；不等高时按照 100%、100%分别计算两线的列车和轨道梁风荷载。

三线及以上轨道梁桥，线路等高时按照 100%、50%、25%分别计算三线的列车和轨道风梁荷载；线路不等高时按照 100%、100%、50%分别计算三线的列车和轨道梁风荷载。

高架车站内列车风荷载应按照区间列车风荷载的 50%计算。

与列车车辆重叠的结构体不再计算风荷载。

7.3.13 温度变化的作用，可按现行行业标准《铁路桥涵设计规范》TB 10002 和《铁路桥梁钢结构设计规范》TB 10091 的规定执行。

7.3.14 轨道梁桥桥墩承受船只撞击力时，应设防撞保护设施。当无法设置防撞保护设施时，船只撞击力可按现行行业标准《铁路桥涵设计规范》TB 10002 的规定计算。

7.3.15 轨道梁桥桥墩有可能受汽车撞击时，应设防撞保护设施。当无法设置防撞保护设施时，轨道梁桥墩柱设计必须考虑汽车对墩柱的撞击力。汽车撞击力顺汽车行驶方向时采用 1000 kN，垂直于汽车行驶方向时，采用 500 kN，撞击力作用在行车道以上 1.20 m 高度处。

7.3.16 地震作用应按现行国家标准《铁路工程抗震设计规范》GB 50111 的相关规定计算。

7.3.17 轨道梁桥应按不同施工阶段的施工荷载和运营养护检修荷载加以检算。

7.3.18 悬挂式单轨交通线路终端的轨道梁及轨道梁桥，应考虑车挡装置的影响。车挡装置对结构的冲击荷载，应根据车挡对列车冲撞荷载的吸收原理，考虑列车的速度及空车状态列车的荷载计算。

7.4 构造要求

7.4.1 轨道梁应根据需要，在内部预留通信、信号、供电环网电缆等系统缆线通道和接触网安装条件。

7.4.2 轨道梁桥走行面平顺度应小于 1.0 mm/m。

7.4.3 轨道梁梁缝处应设伸缩装置和横向限位装置，伸缩装置除保证梁部能自由伸缩外，还应能保证轨道梁之间走行轮、导向轮走行面的平顺连接。横向限位装置应能承受列车横向荷载。

7.4.4 组合桥梁部结构顶面、道岔桥和道岔平台应设置性能良好的排水设施，使其表面无积水。排水设施应便于检查、维修与更换。

7.4.5 轨道梁桥应设置有效的防、排杂散电流和避雷系统的接地措施。

7.4.6 轨道梁一端顶板应设置检查孔便于检修，并应设置盖板防雨。

8 道 岔

8.1 一般规定

8.1.1 道岔系统应符合"故障导向安全"原则，应能满足车辆运行平稳、安全可靠的要求。

8.1.2 道岔设备应由机械装置和控制装置两部分组成，吊挂在道岔区专用立柱支撑的横梁上。

8.1.3 道岔设备所采用的材料、器材、元件应符合国家现行的机电产品和金属材料制品的制造、验收标准和规范的规定。

8.1.4 道岔设备金属构件表面应进行防锈蚀处理，在寒冷地带使用的道岔应有加热和防冻措施。

8.1.5 道岔在锁定状态下应能承受扭曲力、冲击力及制动力等车辆运行荷载的反复作用，应具有抗倾覆的能力，同时应具有足够的刚度和强度，并应能防止残余变形。

8.1.6 道岔设备的结构形式应能便于操作、检查维护、修理和更换零部件及润滑设备。

8.1.7 道岔转辙时，各动作应协调、定位准确、锁定牢固。道岔的转辙时间应包括信号发出、解锁、转辙、锁定、回馈信号全过程。

8.1.8 道岔设备的供电负荷应采用一级负荷。道岔设备接地电阻值应小于 4 Ω，防雷接地电阻值应小于 10 Ω。

8.1.9 道岔由信号系统进行控制，控制装置应具有集中控制、现场控制、现场人工手动控制三种方式。当信号系统和道岔控制电路发生故障时,道岔控制系统应具有安全保护功能,可由人工手动装置完成解锁、转辙和锁定。

8.1.10 当道岔处于侧线开通状态时车辆通过行驶速度≤20 km/h,当道岔处于正线开通状态时应满足列车最高行驶速度的要求。

8.1.11 道岔系统主结构的设计使用年限不应低于100年。

8.2 道岔分类

8.2.1 道岔按照运行原理分为整体平移式道岔和芯轨回转式道岔。

8.2.2 道岔根据其在线路中所处的位置分为左开、右开型。

8.2.3 道岔主要技术参数应符合表8.2.3的要求。

表8.2.3 道岔主要技术参数表

道岔类型	道岔长（m）	侧线半径（m）	转辙角（°）	允许列车通行速度（km/h）	转换时间（s）	附注
整体平移式道岔	15	≥50	12.6870	≤20（侧线）	≤25	两根梁
芯轨回转式道岔（单开）	22	≥50	12.6858	≤20（侧线）	≤15	

8.3 道岔设备

8.3.1 道岔设备的结构设计应具有车辆走行、导向、稳定和支承作用,并应能承受车辆通过时的运行荷载,满足通行时强度、刚度要求。

8.3.2 驱动装置应由带电磁制动的电动机、安全离合器、执行机构组成，应能使道岔在规定时间内完成起动、加速、匀速、减速、停止等动作过程；同时应设置有人工手动控制装置。

8.3.3 锁定装置应安全可靠、定位准确和锁定牢固，并应满足抵抗车辆通过时产生的离心力和冲击力的强度要求；应设置锁定位置的自动检测装置，并与信号控制系统联锁，当道岔控制装置故障时，各锁定装置应能切换为人工手动控制模式。

8.3.4 道岔控制装置应符合下列要求：

1 道岔控制装置应能按照信号系统发出的指令，使道岔完成解锁、转辙、锁闭、信号反馈动作，将道岔位置表示信号传输给信号系统。

2 在道岔控制装置与信号系统之间应设授权、收权联锁电路，实现道岔控制权限的切换。

3 道岔控制装置应具有集中控制模式、现场控制模式、现场人工手动模式；道岔正常状态处于集中控制模式，当道岔出现故障或检修时，通过信号系统授权道岔转换为现场操作模式，在现场模式下当道岔控制装置不能操作道岔时，可现场转换为人工手动模式操作道岔。

4 道岔控制电路设计必须满足"故障导向安全"原则，并应具有系统检测、故障诊断、故障保护和报警功能。

5 道岔位置、锁定采样点应采用工作可靠的元件，必要时宜设计电气回路保证检测的可靠性、安全性。

6 道岔现场位置检测与信号系统联锁宜采用节点方式，信号系统发生故障后，道岔指示的位置为实际位置状态。

7 驱动电机应有一定的容量裕度,绝缘等级、防护等级应适合道岔的使用环境。

8 道岔电气安装使用的电缆应为阻燃、低烟、防蚀、防潮的产品。

9 控制柜安装在室外时,应设置防晒遮雨棚,以避免阳光直射至电控柜表面,电控柜应采取防潮、防尘、防鼠害、防虫进入的措施。

10 道岔控制装置在海拔高度小于 1200 m,最湿月月均相对湿度不高于 90%时应能正常工作。

11 电气设备在环境温度 – 25 ℃ ~ + 45 ℃ 范围内应能正常工作。

8.3.5 道岔控制装置宜设置故障检测装置,并能够对控制装置的故障进行记录,方便维保人员检修。

8.3.6 渡线道岔只有在各组道岔都在规定位置时,才能构成位置表示。

8.3.7 道岔电源宜使用 AC 380 ×(1±10%)、50 Hz±0.5 Hz 的三相五线制电源,电源宜设置双电源切换装置,与信号控制宜使用 DC 24 V 电源,道岔装置外壳及道岔金属结构应有良好的接地,接地阻值≤4 Ω。

8.3.8 道岔梁上的牵引供电接触网的安装应满足道岔的功能和要求,不应影响道岔控制信号和安全运行。

8.4 道岔设置要求

8.4.1 应根据线路实际情况选择相应型号的道岔,道岔规格宜尽量统一。

8.4.2 道岔在定位或反位及渡线时，应保障车辆运行通过时平稳、安全、可靠。

8.4.3 道岔区及前后 5 m 范围内不应设置平曲线及竖曲线。

8.4.4 道岔设置，应标明道岔走行面的标高、里程。

8.4.5 道岔区应设排水设施。

8.4.6 道岔区应设足够的检修空间、通道和安装附属设施的条件及安全隔离设施，道岔区应设照明设施。

8.4.7 道岔所用的电力电缆、供电电缆、通信及信号电缆、道岔控制电缆等应按电压等级分别布置安装，其间隔距离应符合现行国家标准《电力工程电缆设计规范》GB 50217 和现行行业标准《民用建筑电气设计规范》JGJ 16 的相关规定。

8.5 道岔安全

8.5.1 道岔区应设置视频监控设施，设置位置、设置数量应根据运营需求确定。

8.5.2 道岔设备的设计安装应满足悬挂式单轨交通的限界要求。

8.5.3 道岔应设防雷设施。

9 车站建筑

9.1 一般规定

9.1.1 以高架、地面车站为主的悬挂式单轨交通，车站总体布局应符合总体规划、城市交通规划、环境保护、城市景观和节约土地的要求，并应处理好与地面建构筑物、地下管线、地下构筑物及施工时交通组织之间的关系。

9.1.2 车站设计必须满足客流和设备运行的需求，保证乘客乘行安全、集散迅速、功能分区明确、布置紧凑、便于管理，并应具有良好的通风、照明、卫生、防灾等设施。

9.1.3 车站的站厅、站台、出入口通道、人行楼梯、自动扶梯和售、检票口（机）等部位的通过能力，应按该站远期超高峰小时客流量确定。超高峰设计客流量为该站预测远期高峰小时客流量或客流控制期的高峰小时客流量乘以 1.1～1.4 的超高峰系数。

9.1.4 车站的站厅、站台、楼梯及出入口通道等应设置无障碍设施。

9.1.5 中心站、换乘站、枢纽站等规模较大的车站宜根据客流情况设置公共厕所。

9.1.6 车站建筑相关的防灾设计应按本标准第 25.1～25.3 节的相关规定执行。

9.1.7 设于道路中的车站宜兼顾过街功能。

9.1.8 换乘车站应选取便捷的换乘形式，并宜同步实施，不能同步实施时应预留接口,并应考虑换乘车站的资源共享。

9.1.9 车站的设置应与已有或规划中的公交枢纽具有良好换乘功能。

9.1.10 车站站台应设安全栏栅或站台门。

9.1.11 车站站台轨行区应设置利于车辆进站停靠的限位设施。

9.1.12 车站与周边的物业开发,宜实施或预留衔接条件。

9.2 车站平面

9.2.1 站台计算长度应按远期列车编组辆数的有效使用长度加停车误差计算。

1 有效使用长度——无站台门的站台应为列车首末两节车辆司机室门外侧之间的长度,有站台门的站台应为列车首末两节车辆尽端客室门外侧之间的长度。

2 停车误差——宜采用±30 cm。

9.2.2 站台宽度应按下列公式计算确定,并不得小于本标准表 9.8.2 所规定的数值。

岛式站台宽度:

$$B_d = 2b + n \cdot z + t \qquad (9.2.2-1)$$

侧式站台宽度:

$$B_c = b + z + t \qquad (9.2.2-2)$$

$$b = \frac{Q_{上、下} \cdot \rho}{L} + M \qquad (9.2.2-3)$$

式中　b——侧站台宽度(m);
　　　n——横向柱数;
　　　z——横向柱宽(含装饰层厚度)(m);

t——每组人行梯与自动扶梯宽度之和（含与柱间所留空隙）(m)；

$Q_{上、下}$——远期每列车高峰小时单侧上、下车设计客流量，换乘车站含换乘客流量（换算成高峰时段发车间隔内的设计客流量）(人)；

ρ——站台上人流密度 $0.33\ m^2/人 \sim 0.75\ m^2/人$，一般车站 $0.5\ m^2/人$；

L——站台有效使用长度 (m)；

M——站台边缘至安全栏栅、站台门立柱内侧的距离 (m)。

当站台计算长度小于 100 m，且自动扶梯和人行楼梯不侵入站台计算长度时，站台宽度应按下列公式计算确定：

岛式站台宽度：

$$B_d = 2b + n \cdot z \tag{9.2.2-4}$$

侧式站台宽度：

$$B_c = b + z \tag{9.2.2-5}$$

9.2.3 设在岛式站台层两端的设备管理用房，可伸入站台计算长度内，但不得侵入侧站台计算宽度，其伸入连续长度不应超过一节车厢长度，并应距最近扶梯工作点不小于 8 m。

9.2.4 站台上的人行楼梯和自动扶梯纵向分布宜均匀，且站台计算长度内任一点距最近梯口或通道口的距离不得大于 30 m。

9.2.5 站台计算长度范围内的站台建筑限界，应按本标准第 5 章的相关规定执行。

9.2.6 设于站台层人行楼梯和自动扶梯的总量布置，除应满足上、下乘客的需要外，还应按站台层的事故疏散时间不大于 6 min 进行验算。消防专用梯及垂直电梯不计入事故疏散用。

9.2.7 高架车站站台层宜开敞通透，除无障碍设施及必要设备用房外，其他设备及管理用房不宜设于站台层。

9.2.8 车站站厅层应包括站厅公共区、自动扶梯、楼梯、垂直电梯、设备和管理用房、出入口通道等，其中站厅公共区应分隔成为付费区和非付费区。

9.2.9 售票处距出入口通道口和进站检票处的距离不宜小于 3 m，出站检票处距梯口的距离不宜小于 6 m。当售检票设施设于站台层时，应同时满足如下规定：

1 进出站检票机宜平行于线路方向设置。

2 困难情况下，进出站检票机垂直于线路方向设置时，应满足出站检票处距侧站台有效宽度外不宜小于 6 m，进站检票处不应侵入侧站台有效宽度。

9.2.10 对于分期实施的售检票设备应预留后期安装条件。

9.2.11 付费区与非付费区的分隔宜采用可透视栏栅，在适当部位安装可外开栏栅门。栏栅门宽度应按单开门设计，其总宽度应满足事故疏散要求。

9.2.12 站厅公共区的面积除满足自动扶梯、人行楼梯布置及售检票机等所需面积外，还应满足能容纳远期高峰小时 5 min 内双向客流的集聚量所占面积（按 $0.5 \ m^2/$人计）。

9.2.13 车站及出入口应远离加油站、加气站或其他危险品场地，其距离应符合现行国家标准《汽车加油加气站设计与施工规范》GB 50156 要求。

9.3 车站出入口

9.3.1 车站出入口的数量应根据分向客流和疏散要求设置，

但每座车站不得少于两个，每个出入口宽度应按远期或客流控制期分向设计客流量乘以 1.1~1.25 的不均匀系数计算确定。

9.3.2 出入口兼作过街通道时，出入口通道宽度、自动扶梯、人行楼梯的通过能力及其站厅相应部位应计入过街客流量。同时应设置夜间停运时的隔离措施。

9.3.3 出入口处门的设置应满足人员疏散的要求，不应采用推拉门、弹簧门等。

9.3.4 设于道路两侧的出入口宜平行于或垂直于道路红线，后退道路红线应满足当地规划部门要求。当出入口开向城市主干道时，出入口前宜设集散广场。

9.4 人行楼梯、自动扶梯、垂直电梯

9.4.1 乘客使用的人行楼梯宜采用 26°34′的倾角，其宽度单向通行不宜小于 1.8 m，双向通行不宜小于 2.4 m，当宽度大于 3.6 m 时应设置中间扶手；楼梯宽度宜符合建筑模数。

9.4.2 自动扶梯的倾斜角度不应大于 30°，有效净宽度 1 m，运输速度采用 0.65 m/s，设计通过能力不应大于 8190 人/h。客流小的车站也可采用梯级有效净宽为 0.6 m 的自动扶梯，运输速度不应小于 0.50 m/s，设计通过能力不应大于 5400 人/h。

9.4.3 当在同一部位上、下行均采用自动扶梯，并分别满足上、下行正常疏散客流量时，人行楼梯梯宽不应小于 1.2 m，倾角宜和自动扶梯一致。

9.4.4 消防专用楼梯宽度不应小于 1.2 m。

9.4.5 车站出入口的提升高度超过 6 m 时，应设上行自动

扶梯；超过 12 m 时宜设上、下行自动扶梯。站台至站厅高差超过 6 m 时，应设上行自动扶梯。车站若分期建设，应预留自动扶梯后期安装位置。

9.4.6 垂直电梯宜选用无机房曳引电梯。垂直电梯必须设置无障碍设施。

9.5 站台门

9.5.1 安全栅栏和站台门应符合第 5 章限界要求的相关规定。

9.5.2 安全栅栏和站台门应以站台计算长度中心线为基准对称纵向布置。滑动门应与列车门一一对应。滑动门的开启净宽度不应小于车辆门宽度加停车误差。当采用全高站台门时，首末两节车辆司机室门不包括在站台门长度范围内。

9.5.3 高站台门高度不应低于 2 m，低站台门高度不应低于 1.2 m。

9.5.4 对于呈坡度的站台门应随坡度设置，并垂直于站台面。安装站台门的站台面，在站台有效使用长度内的平整度误差不得大于 15 mm。

9.5.5 站台门端部应设向站台内侧开启的端门。沿站台长度方向应设向内侧开启的应急门，每侧应急门设置数量宜与远期列车编组数相同。

9.5.6 站台门不得作为车站防火分隔措施，站台门的门体材料应采用金属材料和安全玻璃。安全玻璃应符合现行国家标准《建筑用安全玻璃》GB 15763 的有关规定。

9.5.7 站台门位于土建结构的诱导缝、变形缝等部位时应采取相应的构造措施。

9.5.8 站台门应有良好绝缘或接地措施。

9.5.9 站台门应有明显的安全标志和使用标志。

9.6 无障碍设施

9.6.1 车站无障碍设施可采用垂直电梯、轮椅升降机、斜坡道、盲道或其他措施。

9.6.2 当从站厅至站台采用垂直电梯时，垂直电梯应设于付费区，以供老、弱、病、孕和管理人员兼用。检票处应满足该人群通行尺寸和功能要求。

9.6.3 车站如设公共厕所，应设置无障碍厕位。

9.6.4 位于站台层上的垂直电梯门不宜正对轨道区，也不应侵入站台计算长度内的侧站台宽度内。

9.6.5 盲道可采用埋入式或后贴式。站台盲道应铺设在侧站台内侧，同时其中心至柱（墙）面的距离不应小于 450 mm。

9.6.6 无障碍设施的设计应符合现行国家标准《无障碍设计规范》GB 50763 的相关规定。

9.7 车站环境

9.7.1 车站环境包括内部环境和外部环境。车站环境设计应简洁、明快、美观，体现当地人文环境和现代交通建筑特点，宜做到装饰构件设计标准化、生产工厂化、施工装配化。

9.7.2 地面、高架车站设计应控制体量规模，并具有良好的通透性。

9.7.3 设于道路中的高架车站，应以设置公共区售检票设施为主，尽量减小站厅层规模。

9.7.4 装修应采用防火、防潮、防腐、耐久、易清洁的环保材料，地面材料应防滑耐磨。

9.7.5 装修材料的选用应考虑本地化、实用性和可靠性，并应便于施工和维修。

9.7.6 地面、高架车站的顶棚，宜采用半敞开式，宜有隔热功能。

9.7.7 地面、高架车站应积极采用太阳能。

9.7.8 当采用半敞开式顶棚时，在满足车辆限界下，顶棚挑悬高度宜低，顶棚高度与挑悬宽度之比宜不大于 6∶1。

9.7.9 照明应选用节能、耐久的灯具，便于更换、清洁、保养。地面、高架车站应选用防尘、防潮、抗风的灯具。照度标准应符合本标准第 16 章的规定。

9.7.10 车站内应设置各种导向、事故疏散、服务乘客的标志标识，并应符合有关规定和要求。

9.7.11 车站公共区内（含出入口天桥、通道）设置彩色灯箱广告时，其位置、色彩不得干扰导向、事故疏散、服务乘客的标志、标识，不应侵入乘客疏散空间。广告箱尺寸应模数化。

9.7.12 车站内设置的壁画等装饰，应融合于车站装修环境之中，并确保不影响车站使用功能。

9.8 各部位参数要求

9.8.1 车站各部位的最小高度应符合表 9.8.1 的规定。

表 9.8.1　车站各部位的最小高度

名　　称	最小高度（m）
站厅公共区（地面装饰面至吊顶面）	3
地面、高架车站站台公共区（地面装饰面至顶棚）	2.6
站台、站厅管理用房（地面装饰面至吊顶面）	2.4
通道或天桥（地面装饰面至吊顶面）	2.4
人行楼梯和自动扶梯（踏步面沿口至吊顶面）	2.3

9.8.2 车站各部位的最小宽度应符合表 9.8.2 的规定。

表 9.8.2　车站各部位的最小宽度

名　　称	最小宽度（m）
岛式站台	8（5）*
岛式站台的侧站台	2.5
侧式站台（长向范围内设梯）的侧站台	2.5
侧式站台（垂直于侧站台开通道口设梯）的侧站台	3.5
通道或天桥	2.4
单向公共区人行楼梯	1.8
双向公共区人行楼梯	2.4
消防专用楼梯	1.2

注*：括号内的数值系指站台计算长度小于 60 m，且自动扶梯和人行楼梯不侵入站台计算长度时的站台最小宽度。

9.8.3 车站各部位的最大通过能力应符合表 9.8.3 的规定。

表 9.8.3 车站各部位的最大通过能力

部位名称		每小时通过人数
1 m 宽楼梯*	下行	4200
	上行	3700
	双向混行	3200
1 m 宽通道*	单向	5000
	双向混行	4000
1 m 宽自动扶梯	输送速度 0.5 m/s	8100
	输送速度 0.65 m/s	≤8190
0.6 m 宽自动扶梯	输送速度 0.5 m/s	4500
	输送速度 0.65 m/s	≤5400
人工售票口		1200
自动售票机		300
人工检票口		2600
自动检票机	门扉式、非接触 IC 卡	2100

注*：楼梯和通道实际设计宽度应根据本表单位数值换算得出通过能力。

10 高架车站结构

10.1 一般规定

10.1.1 高架车站结构形式应满足悬挂式单轨交通车站的建筑功能和使用要求，保证结构安全可靠、构造简洁、经济合理，并应具有良好的整体性、可延性和耐久性。

10.1.2 车站结构应分别按施工阶段和使用阶段进行强度、刚度和稳定性检算，并保证有足够的承载力、刚度和稳定性。

10.1.3 设于道路中的车站应满足道路建筑限界要求。

10.2 设计荷载

10.2.1 悬挂式单轨交通高架车站结构活荷载应符合下列规定：

  1 列车荷载按第 7 章中有关条款取值；桥建分离时，不考虑列车活载。

  2 车站建筑活荷载标准值取值不应小于表 10.2.1 的规定。

表 10.2.1 车站建筑活荷载标准值

项次	类别	标准值（kN/m^2）
1	站厅、楼梯	4
2	站台、天桥	4

注：1 其他设备用房应根据设备的实际重量、动力影响、安装运输途径及工作状态等确定，但不得小于 4 kN/m^2；
  2 其他用房的活荷载标准值应按现行国家标准《建筑结构荷载规范》GB 50009 取值。

10.2.2 高架车站结构计算时应考虑雪荷载、地震荷载。

10.2.3 高架侧式车站结构计算应考虑不对称荷载的作用。

10.2.4 高架车站结构风荷载应按现行国家标准《建筑结构荷载规范》GB 50009 执行。

10.3 设计原则

10.3.1 高架车站结构应充分考虑结构形式对当地景观的影响。

10.3.2 高架车站结构设计，应根据使用功能要求，结合站点周边环境、当地规划、道路交通、地下管线及工程地质、水文地质条件等对结构和基础形式进行综合比选确定。

10.3.3 高架车站结构应考虑轨道梁、各系统设备管线及管线的设置，为接口预留条件，并应考虑防排水、防雷击、防腐蚀等措施。

10.3.4 高架车站结构抗震设防分类为重要设防。

10.3.5 高架车站结构中永久结构主要构件的安全等级为一级；内部构件（站台板、楼梯等）的安全等级为二级；临时构件的安全等级为三级。

10.3.6 桥建分离车站，轨道梁、支承轨道梁的横梁、支承横梁的墩柱等构件及基础，应按现行行业标准《铁路桥涵设计规范》TB 10002 进行结构设计；桥建合一车站，内力分析宜按空间刚架假定进行，由活载产生的内力，应根据影响线加载计算得到；除上述构件外的其余构件，应按现行国家标准《混凝土结构设计规范》GB 50010 进行结构设计。

10.3.7 桥建分离车站，其孔跨布置及结构设计宜与区间高架结构设计相同。

10.3.8 桥建分离车站，站台层结构设计时应考虑桥墩盖梁的竖向位移和相对纵横向水平位移的影响。

10.3.9 高架车站应按国家现行有关建筑结构设计规范设置变形缝，伸缩缝间距不宜大于 50 m。

10.3.10 车站基础不均匀沉降应符合现行国家标准《建筑地基基础设计规范》GB 50007 和现行行业标准《铁路桥涵设计规范》TB 10002 的要求。

10.4 构造要求

10.4.1 高架车站结构宜采用钢筋混凝土结构或预应力混凝土结构，在条件许可的情况下，宜优先采用建桥分离结构形式，以减小列车振动影响。

10.4.2 高架车站的纵向柱距宜取 10 m～15 m，最大柱距不得超过 20 m。

10.4.3 车站站台与站厅层大跨度纵向框架梁在施工时应预先起拱，其挠度限值应符合现行国家标准《混凝土结构设计规范》GB 50010 的要求。

10.4.4 高架车站墩柱的布置，既应顾及道路现状交通，又要考虑远期道路按规划道路红线实施的可能，并采取防撞措施。

10.4.5 站台雨棚宜采用轻型钢结构，与站台结构应有可靠连接。

10.4.6 站台层、站厅层现浇板厚度不宜小于 120 mm，并宜双层双向配筋。

10.4.7 高架车站结构一般构件混凝土强度等级不应小于C30。

10.4.8 钢结构构件应做好防锈、防腐、防火措施。

11 地下结构

11.1 一般规定

11.1.1 地下结构应满足线网规划、环境保护、抗震、防水、防火、防护、防腐及施工等要求，并应做到结构安全、耐久、技术先进、经济合理。

11.1.2 地下结构的设计应以地质勘察资料为依据，并应符合现行国家标准《城市轨道交通岩土工程勘察规范》GB 50307、《地铁设计规范》GB 50157 和现行行业标准《铁路隧道设计规范》TB 10003 的有关规定。

11.1.3 地下结构的设计，应根据悬挂式单轨交通的特点，通过技术、经济、工期、环境影响等多方面综合评价，选择合理的施工方法和结构形式。

11.1.4 地下结构的耐久性设计应符合下列规定：

 1 主体结构和使用期间不可更换的结构构件，应根据使用环境类别，按设计使用年限为 100 年的要求进行耐久性设计。

 2 使用期间可以更换且不影响运营的次要结构构件，可按设计使用年限 50 年的要求进行耐久性设计。

 3 临时结构宜根据其使用性质和结构特点确定其使用年限。

11.1.5 地下结构的耐久性设计应按现行国家标准《混凝土结构耐久性设计规范》GB/T 50476 的有关规定执行。

11.1.6 地下结构的净空尺寸应同时满足悬挂式单轨交通建筑限界及轨道梁桥施工要求。

11.1.7 地下结构应结合施工方法、结构形式、断面大小、工程地质、水文地质及环境条件等因素合理确定其埋置深度及与相邻隧道的距离。

11.2 工程材料

11.2.1 地下结构的工程材料应根据结构类型、受力条件、使用要求和所处环境，并结合其可靠性、耐久性和经济性选用。

11.2.2 混凝土的原材料和配比、最低强度等级、最大水胶比和单方混凝土的胶凝材料最小用量等，应符合耐久性要求，并应满足抗裂、抗渗、抗冻和抗侵蚀的需要。一般环境条件下，喷射混凝土衬砌的混凝土最低强度等级不宜小于C25，现浇混凝土或钢筋混凝土衬砌的混凝土最低强度等级不宜小于C35。

11.2.3 喷射混凝土宜采用湿喷混凝土。

11.2.4 注浆材料宜采用对地下环境无污染及后期收缩小的材料。

11.3 构造要求

11.3.1 地下结构应根据施工工艺、围岩条件、气温变化、结构变形、结构纵向刚度、荷载、地基等情况设置变形缝。区间隧道与地面和高架结构衔接部位应设置变形缝。

11.3.2 现浇混凝土及钢筋混凝土结构横向分段浇注的施工缝位置及间距应结合结构形式、受力要求、施工方法、气象条件及变形缝的间距等因素综合确定。

11.3.3 当地下连续墙与主体结构连接时，预埋在墙内的受力钢筋、钢筋连接器或连接板锚筋等，均应满足受力和防水要求，其锚固长度应符合构造规定。钢筋连接器的性能应符合现行行业标准《钢筋机械连接技术规程》JGJ 107 的有关规定。

12 工程防水

12.1 一般规定

12.1.1 地下工程防水应遵循"以防为主,刚柔结合,多道设防,因地制宜,综合治理"的原则,采用与其相应的防水措施。防水设计应定级准确、方案可靠、施工简便、经济合理。

12.1.2 地下工程防水设计应符合现行国家标准《地下工程防水技术规范》GB 50108 的有关规定。

12.1.3 地下区间隧道结构防水等级应为二级,顶板不得滴漏,其他部位不得漏水;结构表面可有少量湿渍,总湿渍面积不应大于总防水面积的 2/1000,任意 100 m^2 防水面积上的湿渍不应超过 3 处,单个湿渍的最大面积不应大于 0.2 m^2。

12.1.4 高架结构防水应遵循"以防为主,防排结合"的原则,桥面应设柔性防水层,并应设置顺畅的排水系统。

12.1.5 车辆基地的建筑屋面、车辆段上盖物业平台顶板的结构防水,应符合现行国家标准《屋面工程技术规范》GB 50345 的有关规定。

12.2 混凝土结构自防水

12.2.1 防水混凝土的设计抗渗等级应符合表 12.2.1 的规定。

表 12.2.1 防水混凝土抗渗等级

工程埋置深度 H（m）	设计抗渗等级
$H < 10$	P6
$10 \leqslant H < 20$	P8
$20 \leqslant H < 30$	P10
$H \geqslant 30$	P12

12.2.2 防水混凝土可通过调整配合比，或掺加外加剂、掺合料等措施配制而成，其抗渗等级不得小于 P6。

12.2.3 防水混凝土的施工配合比应通过试验确认，试配混凝土的抗渗等级应比设计要求提高 0.2 MPa。

12.2.4 防水混凝土应满足抗渗等级要求，并应根据地下工程所处的环境和工作条件，满足抗压、抗裂、抗冻和侵蚀性等耐久性要求。

12.2.5 防水混凝土结构底板的混凝土垫层，应符合下列要求：

1 强度等级不应小于 C15。

2 厚度不宜小于 100 mm，在软弱土层中不宜小于 200 mm。

12.2.6 防水混凝土结构，应符合下列要求：

1 结构厚度不应小于 250 mm。

2 结构最大计算裂缝宽度允许值为 0.2 mm，并不得出现贯通裂缝。

13 通风与空调

13.1 一般规定

13.1.1 悬挂式单轨交通的内部空气环境应采用通风或空调系统进行控制。

13.1.2 悬挂式单轨交通的内部空气环境范围应包括车站（站厅、站台、出入口通道、设备及管理用房）、列车、区间隧道、控制中心、车辆基地和主变电所等。

13.1.3 通风、空调系统应保证其内部空气环境的空气质量、温度、湿度、气流组织、气流速度、压力变化和噪声等均满足人员的生理及心理条件要求和设备正常运转的需要。

13.1.4 通风、空调系统应具有下列功能：

1 当列车在正常运行时，应保证列车内部空气环境符合现行行业标准《公共场所集中空调通风系统卫生规范》WS 394、现行国家卫生标准《工业企业设计卫生标准》GBZ1等的有关规定。

2 当列车阻塞在区间隧道内时，应能保证阻塞区间有效通风。

3 当列车在区间隧道发生火灾事故时，应具备排烟、通风功能。

4 当车站内发生火灾事故时，应具备排烟、通风功能。

13.1.5 通风、空调系统设计和设备配置应符合现行国家标准《公共建筑节能设计标准》GB 50189 的相关要求，充分利用自然冷、热源。

13.1.6 车辆基地、控制中心和主变电所等地面建筑，应在满足工艺要求的前提下，按本标准和现行国家标准《民用建筑供暖通风与空气调节设计规范》GB 50736 等有关设计标准的规定设置通风、空调系统。

13.1.7 通风、空调系统应按预测的远期客流量和最大的通过能力设计，设备宜按近期和远期配置，并宜分期实施。

13.1.8 通风、空调系统应选用高效、节能、紧凑型设备，系统设置应考虑综合的节能措施，并应为安装、操作、测量、调试和维修预留空间位置。

13.1.9 工程设计应为大型通风、空调设备设置运输、安装通道及孔洞，并应能装设起吊设施。

13.1.10 通风、空调系统的设备、管道及配件布置应为安装、操作、测量、调试和维修预留空间位置，通风、空调系统的机房内应设置设备起吊和冲洗设施。

13.1.11 使用时间、温度、湿度等要求条件不同的空气调节区，不应划分在同一个空气调节系统中。

13.1.12 当与其他建筑合建时，车站的通风或空调系统的冷热源和管路系统应独立设置。

13.1.13 通风、空调系统的管材及保温材料、消声材料应采用 A 级不燃材料，当局部部位采用不燃材料有困难时，可以采用 B_1 级难燃材料。管材及保温材料应具有防潮、防腐、防蛀、耐老化和无毒的性能。

13.1.14 通风、空调系统宜设车站控制和就地控制的两级控制。

13.2 通风与空调系统

13.2.1 区间隧道正常通风应采用活塞通风，当活塞通风不能满足排除余热要求或布置活塞通风道有困难时，应设置机械通风系统，进风应直接采自大气，排风应直接排出地面。

13.2.2 区间隧道内每个乘客每小时需供应的新鲜空气量不应少于 12.6 m^3。

13.2.3 区间隧道内的二氧化碳（CO_2）日平均浓度应小于 1.5‰。

13.2.4 在长大区间隧道内，应充分研究最不利情况下的救援和疏散模式，按设计行车密度计算，出现在同一区间、同一方向上有 2 列或 3 列车同时运行时，应在区间中间设置中间风道或直通地面的专用疏散出口，或其他安全措施。

13.2.5 站厅和站台公共区宜采用自然通风，必要时，站厅公共区可设置机械通风或空调系统。

13.2.6 通风或空调的室外空气计算温度、相对湿度应采用当地现行的设计标准。

13.2.7 站厅采用通风系统时，站厅内的夏季计算温度不应超过室外计算温度 3 ℃，且最高不应超过 35 ℃。

13.2.8 站厅层设置空调系统时应符合下列规定：

　　1 站厅内的夏季计算温度应为 29 ℃～30 ℃，相对湿度不应大于 70%。

　　2 站厅通向站台的楼梯口、扶梯口以及出入口等处宜设置风幕。

13.2.9 地面变电站宜采用自然通风降温，当自然通风不能达到设备对环境的要求时，采用机械排风、自然进风的方式。

13.2.10 设备用房应根据工艺要求设置通风、空调与采暖系统，设计温度按工艺要求确定。管理用房设计温度应符合现行国家标准《民用建筑供暖通风与空气调节设计规范》GB 50736的有关规定。

13.2.11 高架和地面区间应采用自然通风，高架和地面区间设置全封闭声屏障时，应采取措施实现自然通风。

13.2.12 空调设备的数量应按保证室内温度和相对湿度全年内都满足设备运行要求计算确定。

13.2.13 设有自动灭火系统的设备用房，且无外窗或可开启的外窗时，应设机械事故通风系统，且通风设备的电源开关应设在设备用房的外部。

13.2.14 空调系统的冷源应优先考虑自然冷源，无条件采用自然冷源时，可采用人工冷源。人工冷源选择应根据空调系统的负荷情况、运行时间、运行调节要求，结合制冷工质的种类、装机容量和节能效果等因素确定。

13.2.15 当车站公共区采用空调系统时，每个乘客每小时需供应的新鲜空气量不应少于12.6 m^3，且系统的新风量不应少于总送风量的10%；二氧化碳（CO_2）日平均浓度应小于1.5‰；可吸入颗粒物的日平均浓度应小于0.25 mg/m^3。

13.2.16 车站设备与管理用房内每个工作人员每小时需供应的新鲜空气量不应少于30 m^3，且空调系统新风量不应少于总风量的10%；二氧化碳（CO_2）日平均浓度应小于1.0‰；可吸入颗粒物的日平均浓度应小于0.25 mg/m^3。

13.2.17 车站设备与管理用房的通风系统、空调系统应采取消声和减振措施，通风与空调机房内的噪声不得超过90 dB(A)，通风、空调设备运转传至站厅、站台的噪声不得超过70 dB(A)，传至各房间内的噪声不得超过60 dB(A)。

13.2.18 风亭出口的噪声应符合现行国家标准《声环境质量标准》GB 3096 的有关规定并符合工程环境影响报告书的要求。

14 给水与排水

14.1 一般规定

14.1.1 给水系统设计应满足生产、生活和消防用水对水量、水压和水质的要求，并应坚持综合利用、节约用水的原则。

14.1.2 给水水源应优先采用市政自来水，当沿线无市政自来水时，应采取其他可靠的给水水源。

14.1.3 悬挂式单轨交通工程各类污水、废水及雨水的排放应符合国家和地方现行有关排水标准和排水体制的规定。

14.1.4 给水与排水设计应按现行国家标准《公共建筑节能设计标准》GB 50189、《民用建筑节水设计标准》GB 50555 的有关规定采取节水、节能措施。

14.1.5 给水与排水设计除执行本标准外，还应执行现行国家标准《室外给水设计规范》GB 50013、《室外排水设计规范》GB 50014、《建筑给水排水设计规范》GB 50015、《城市轨道交通技术规范》GB 50490、《工业循环冷却水处理设计规范》GB/T 50050 等有关规范的规定。

14.2 给水系统

14.2.1 给水系统主要由生产、生活给水系统和消防给水系统构成。为保证工作人员饮用水的水质，车站内应采用生产、生活用水和消防用水分开的给水系统。地下区间隧道的冲洗用水宜采用和消防用水共用系统。

14.2.2 给水系统的选择，应根据生产、生活和消防等各项用水对水质、水压和水量的要求，结合给水水源等因素确定，并应按下列原则选择给水系统：

  1 车站室内生产、生活给水系统应与消防给水系统分开设置，并应根据当地自来水公司的要求设置计量设施。

  2 当车站周围有城市杂用水系统且水质满足冷却水或冲厕用水的使用要求时，宜采用分质给水系统，车站杂用水系统应与其他给水系统分设；并应采取防止误饮误用措施。

  3 车站内不同使用性质和计费的给水系统，应采用各自独立的给水系统并单独计量。

  4 车站生产、生活给水系统应利用市政水压直接供水，当水压或水量不满足要求时，应设置加压装置或贮水调节。

14.2.3 给水系统用水量定额应符合下列规定：

  1 工作人员生活用水量应为 30 L/（人·班）～60 L/（人·班），小时变化系数应为 2.5～2.0。

  2 乘客的生活用水量为 3 L/（人·次）～4 L/（人·次），小时变化系数为 3.0～2.5。

  3 车站公共区及出入口通道冲洗用水量应为 1 L/（m²·次）～2 L/（m²·次），并应每天按冲洗 1 次、每次用水量按冲洗 1 h 计算。

  4 空调冷却水系统的补充水量应为冷却水循环水量的 1%～2%。

14.2.4 给水系统的水质应符合下列规定：

  1 生活给水系统的水质，应符合现行国家标准《生活饮用水卫生标准》GB 5749 的有关规定。

2 生活杂用水系统的水质，应符合现行国家标准《城市污水再生利用 城市杂用水水质》GB/T 18920的有关规定。

14.2.5 生活用水设备和卫生器具的水压，应符合现行国家标准《建筑给水排水设计规范》GB 50015的有关规定。

14.2.6 管道布置和敷设应符合下列规定：

　1 车站生产、生活给水系统宜设计为枝状管网，并应由车站给水引入总管上引出一根给水管和车站内生产、生活给水管连接。

　2 给水系统引入管上应设置倒流防止器或其他防止倒流污染的装置，设置原则及位置应符合现行国家标准《建筑给水排水设计规范》GB 50015的有关规定。

　3 给水管不应穿过变电所、通信信号机房、控制室、配电室等电气房间。

　4 给排水管道应根据现行国家标准《建筑给水排水设计规范》GB 50015的有关规定采取防结露措施。

　5 严寒和寒冷地区的给排水管道、消火栓及消防水池有可能结冻时，应采取防冻保护措施。

　6 悬挂式单轨交通工程的卫生器具及配件应符合现行行业标准《节水型生活用水器具》CJ/T 164的有关规定，公共厕所应采用感应式或非接触式龙头和冲洗装置。

14.2.7 管材及附件的设置应符合下列规定：

　1 生产、生活给水宜采用钢塑复合管、铜管或薄壁不锈钢管等符合国家有关规定及生活饮用水卫生标准的管材。

　2 给水管网上的阀门设置，应符合现行国家标准《建筑给水排水设计规范》GB 50015的有关规定。

14.3 排水系统

14.3.1 悬挂式单轨交通的排水系统主要由污水排水系统、冲洗、消防废水及结构渗漏水排水系统和列车出入洞口、敞开出入口及风口的雨水排水系统构成。

14.3.2 排水量定额应符合下列规定：

1 生活排水系统定额应按生活用水量的 95%计算，小时变化系数应为 2.5~2.0。

2 冲洗和消防废水量和用水量应相同。

3 车站屋面排水管道的排水设计重现期应按当地 10 年一遇的暴雨强度计算，设计降雨历时应按 5 min 计算；屋面雨水工程与溢流设施的总排水能力不应小于 50 年重现期的雨水量。

14.3.3 车站生活及粪便污水应单独排放；生产废水、冲洗及消防废水和屋面雨水可集中并就近排放。

14.3.4 车站的污水、废水和雨水宜按重力流方式排入城市污水及雨水排水系统。地下建筑及区间的污水、废水和雨水等不能按重力流排放时，应设排水泵提升排入城市排水系统。

14.3.5 局部污水处理设施应符合下列规定：

1 当城市有污水排水系统时，车站厕所的污水应经过化粪池处理达到标准后排入城市污水排水系统。

2 当城市无污水排水系统时，应根据国家现行有关污水综合排水标准的规定，对车站排出的粪便污水进行处理，并应达到标准后再排入城市雨水管网或车站附近的河流。

3 化粪池或生活污水处理设施宜为埋地式，并宜设在人行道或绿地内，与建筑物的距离不宜小于 5 m。

4 地面化粪池的设计应符合现行国家标准《建筑给水排水设计规范》GB 50015 的有关规定。

14.3.6 屋面雨水排水设施应符合下列规定：

1 排水天沟布置应以伸缩缝、沉降缝、变形缝为分界，天沟坡度不宜小于 3‰。

2 屋面排水系统应设置雨水斗、地漏等排水设施。不同设计排水流态、排水特征的屋面雨水排水系统应选用相应的雨水斗或地漏。

14.3.7 管材的选型应符合下列规定：

1 重力流排水管宜采用阻燃型硬聚氯乙烯排水管及管件，或柔性接口机制排水铸铁管及管件。

2 压力排水管宜采用热镀锌钢管或钢塑复合管。

3 室外埋地排水管宜采用埋地塑料管。

14.4 车辆基地给水与排水

14.4.1 车辆基地给水用水量定额应符合下列规定：

1 办公人员生活用水应为 30 L/（班·人）~ 50 L/（班·人），小时变化系数应为 2.0。

2 职工淋浴用水定额应取 40 L/（人·次）~ 60 L/（人·次），每次延续时间应为 1 h。

3 消防用水应根据现行国家标准《建筑设计防火规范》GB 50016 及《消防给水及消火栓系统技术规范》GB 50974 的有关规定执行。

4 生产工艺用水应按工艺要求确定。

 5 路面洒水、绿化及草地用水、汽车冲洗用水，应符合现行国家标准《建筑给水排水设计规范》GB 50015等的有关规定。

 6 不可预见水量和管网漏水量之和应按车辆基地内生产、生活最高日用水量的10%~15%计算。

14.4.2 给水水源应采用城市自来水。当城市自来水提供两根给水引入管时，生产、生活系统宜与室外消防给水系统共用且布置成环状；当城市自来水提供一根给水引入管时，生产、生活和室外消防给水系统应分开布置，室内外消防给水系统是否共用应经过技术经济比较确定。

14.4.3 当城市自来水的供水量和供水压力不能满足车辆基地生产、生活给水系统的要求时，应设给水泵房和蓄水池，给水加压设备宜采用变频调速或叠压供水装置。

14.4.4 当车辆基地周围有城市杂用水系统且水质满足使用要求时，其内部冲厕、绿化及地面冲洗水可利用城市杂用水系统供水。

14.4.5 在日照充足地区，车辆基地内公共浴室、食堂、司机公寓等热水系统宜采用太阳能热水系统。

14.4.6 车辆基地室外消火栓的间距不应大于120 m，洒水栓的间距不应大于80 m。

14.4.7 排水量定额应符合下列规定：

 1 生活排水量标准应按用水量的90%~95%确定。

 2 生产用水排水量应按工艺要求确定。

 3 冲洗和消防废水排水量和用水量应相同。

 4 车辆基地运用库、检修库、高层建筑屋面雨水应按10年一遇暴雨强度进行计算，排水工程与溢流设施的总排水能力不应小于 50 年暴雨重现期的雨水量;其他建筑屋面雨水应按 2 年~5 年一遇暴雨强度进行计算,排水工程与溢流设施的总排水能力不应小于 10 年暴雨重现期的雨水量。

14.4.8 车辆基地的排水应符合下列规定:

1 洗车库的废水应经过处理后重复利用;其他含油废水,不符合国家规定的排放标准时,应经过处理达到标准后排放。

2 车辆基地附近无城市污水排水系统时,其内部的生产废水、生活污水,应经过处理达到排放标准后再排放。

3 车辆基地的生产废水、生活污水,宜集中后按重力流方式接入城市排水系统;不能按重力流方式排放时,应设污水泵站提升并排入城市污水排水系统。

14.4.9 车辆基地应结合本地海绵城市建设的要求,经过技术经济比较,确定车辆基地雨水收集利用措施。

14.5 给排水设备监控

14.5.1 生产、生活给水设备应在综合监控设备室显示运行、手/自动控制及故障等状态信息。

14.5.2 排水设备应在综合监控设备室显示运行、手/自动控制、液位及故障等状态信息。

15 车站其他机电设备

15.1 自动扶梯与自动人行道

15.1.1 悬挂式单轨交通宜采用公共交通型自动扶梯和自动人行道。

15.1.2 自动扶梯和自动人行道连续运行时间,每天不应少于 20 h,每周不应少于 140 h,每 3 h 应能以 100%制动荷载连续运行 1 h。

15.1.3 自动扶梯及自动人行道应具备全变频调速的节电功能。

15.1.4 事故疏散用自动扶梯应按一级负荷供电,其余按二级负荷供电。

15.1.5 自动扶梯和自动人行道应设就地级控制装置,且应纳入环境与设备监控系统的监控。

15.1.6 自动扶梯和自动人行道的传输设备应采用阻燃材料,且应采用无卤、低烟、阻燃的电线和电缆。

15.1.7 自动扶梯和自动人行道的额定速度不应小于 0.5 m/s,宜选用 0.65 m/s。自动扶梯倾斜角度不应大于 30°,自动人行道倾斜角度不应大于 12°。

15.1.8 自动扶梯上、下水平梯级数宜不少于 4 块。

15.1.9 自动人行道的梯级净宽不宜小于 1 m。

15.1.10 自动扶梯和自动人行道的各支点应按产品要求设置预埋件和预留吊装条件,其安装位置宜避开结构诱导缝和变形缝。

15.2 电梯和轮椅升降机

15.2.1 车站应选用无机房电梯，当无法满足无机房电梯布置要求时，宜选用轮椅升降机，且应满足使用轮椅者和盲人使用。

15.2.2 电梯的提升速度应不小于 0.63 m/s，载重量不小于 0.8t，开门宽度不宜小于 1 m，并宜选用双扇中分门。

15.2.3 轮椅升降机额定速度宜为 0.15 m/s，额定载重不应小于 250 kg。

15.2.4 电梯和轮椅升降机应接受车站 BAS 系统的监控。

15.2.5 电梯应能实现车站控制室、轿厢、控制柜或机房之间三方通话功能。

15.2.6 电梯轿厢内部和轮椅升降机处应安设视频监视装置。

15.2.7 电梯采用二级负荷供电。当电梯兼作消防梯时，供电采用一级负荷，其设施应符合消防电梯的功能。

15.2.8 电梯和轮椅升降机应采用阻燃材料，采用无卤、低烟、阻燃电线和电缆。

15.2.9 电梯的井道可采用钢筋混凝土结构或采用其他结构类型，宜采用钢筋混凝土结构形式。

15.2.10 电梯的底坑内应设置排水设施。

15.2.11 电梯井道应根据产品要求在土建工程中设置预埋件、预留孔、预留槽和起重吊环，其井道位置应避开土建结构诱导缝和变形缝。

15.3 站台门

15.3.1 悬挂式单轨交通车站站台设置的站台门，土建应具备其安装接口条件。

15.3.2 站台门系统主要装置应便于在站台侧进行维护、维修。

15.3.3 站台门的整体钢结构使用寿命不应少于30年，系统应满足电磁兼容性要求。

15.3.4 站台门系统平均无故障运行周期不应小于60万个周期，运行强度应符合每天运行20 h、每90 s开/关1次，且全年连续运行的要求。

15.3.5 站台门门体结构在环境最不利荷载效应组合情况下，门体弹性变形应满足工程要求，且不得侵入车站处车辆限界。

15.3.6 站台门系统的绝缘材料、密封材料和电线电缆等应采用无卤、低烟的阻燃材料。

15.3.7 滑动门开、关过程时间应与列车门的开关过程时间相匹配，且在一定范围内可调节，重复精度不应大于0.1 s。

15.3.8 全高站台门中的活动门、应急门净高度不应低于2 m；半高站台门门体的高度不应低于1.2 m。

15.3.9 站台门的控制优先权应从低到高排列，可分为下列等级：

1 信号系统对站台门的控制。
2 就地控制盘对站台门的控制。
3 通过紧急控制盘对站台门的控制。

15.3.10 站台门的重要状态及故障信息宜上传至本站车站控制室。

15.3.11 站台门应具有障碍物探测功能，应能探测到厚度为5 mm～10 mm，且最小宽度为40 mm的硬障碍物。

15.3.12 站台门系统应按一级负荷供电，驱动电源和控制电源供电回路宜相互独立,驱动后备电源储能应能满足在 30 min 内至少完成开、关滑动门 3 次循环的需要。

15.3.13 当站台门与列车车厢无等电位要求时,站台门应通过接地端子接地,接地电阻不应大于 1 Ω。

16 供 电

16.1 一般规定

16.1.1 悬挂式单轨交通供电系统应安全、可靠、节能、环保和经济适用。

16.1.2 悬挂式单轨交通供电系统容量应满足行车运营组织最大通过能力的要求。

16.1.3 悬挂式单轨交通供电系统包括外部电源、电源开闭所（或主变电所）、牵引供电系统、动力照明供电系统和电力监控系统。动力照明供电系统应包括降压变电所和动力照明配电系统。

16.1.4 供电系统外部电源方案应根据轨道交通线网规划、城市电网现状和规划、城市规划进行设计，可采用分散式供电、集中式供电或混合式供电。

16.1.5 相邻电源开闭所（或主变电站）宜具备相互支援的供电能力，其容量应满足线路远期高峰小时负荷需求。

16.1.6 中压供电网络的电压等级可采用 AC35 kV、AC10 kV。电压等级的选取应根据外部电源条件、负荷规模、供电距离等因素，经技术经济综合比较确定。

16.1.7 牵引用电负荷为一级负荷，动力照明等用电负荷可分为一级负荷、二级负荷、三级负荷。

16.1.8 中压供电网络构成方式宜采用单环网或双环网方案。

16.1.9 供电网络末端压降水平应满足现行国家标准《电能质量 供电电压偏差》GB/T 12325 的规定。

16.1.10 悬挂式单轨交通牵引供电系统的供电制式，根据车辆的受电需求确定。采用接触网供电制式时，电压等级可以采用 DC 750 V 或 DC 1500 V。直流牵引供电系统电压及波动范围应满足表 16.1.10 的规定。

表 16.1.10 直流牵引供电系统电压及波动范围（V）

电压等级	标称值	最高值	最低值
DC 750 V	750	900	500
DC 1500 V	1500	1800	1000

16.1.11 牵引负荷应根据线路资料、运营高峰小时的行车密度、车型和车辆编组等计算确定。

16.1.12 牵引变电所的分布应考虑全线有一座牵引所解列时，相邻牵引所采用越区供电，并应满足远期高峰小时运营的需要。

16.1.13 牵引所的分布应考虑列车本身车载储能装置的自持能力。

16.1.14 当车辆再生制动能量吸收装置需在供电系统设计中考虑时，设计方案应通过经济技术比较确定。

16.1.15 低压配电系统应符合现行国家标准《低压配电设计规范》GB 50054 的相关规定，电压采用 AC220 V/380 V。

16.2 变电所

16.2.1 变电所按供电功能分为电源开闭所（或主变电所）、

降压变电所、牵引变电所。

16.2.2 当车辆采用车载储能装置供电，并能自行维持运行且不需设牵引所时，可根据车载储能装置自持能力沿车站设置充电系统。车辆基地亦应设充电系统。

16.2.3 变电所的数量、容量及其在线路上的分布应经过计算、分析、比选后确定。

16.2.4 变电所选址应符合下列原则：
1 靠近负荷中心。
2 便于供电电缆线路引入引出。
3 设备运输、运营人员维护管理方便。
4 不应设在厕所、泵房、集水井等经常积水场所的正下方，也不宜与上述场所相贴邻。

16.2.5 变电所一次接线应在安全、可靠的基础上力求简单、灵活。

16.2.6 变电所的形式可采用站房式或箱式。应根据用地条件、车站规模、负荷情况、投资、运营维护等综合因素确定。

16.2.7 牵引变电所宜设置一套牵引整流机组。牵引整流机组容量宜按照远期负荷确定。

16.2.8 正常运行方式下，两相邻牵引变电所应对其同一供电分区采用双边供电方式。

16.2.9 牵引整流机组的负荷特性应不低于表16.2.9的要求。

表16.2.9 牵引整流机组的负荷特性

负荷	100%额定电流	150%额定电流	200%额定电流
持续时间	连续	2 h	1 min

16.2.10 变电所中压侧母线接线形式应根据供电环网形式

确定；直流牵引母线宜采用单母线接线。

16.2.11 每座变电所宜设置两台配电变压器，容量应满足供电范围内动力照明负荷需求。

16.2.12 变电所设备的布置遵循安全、可靠、适用和经济的原则，便于设备搬运、安装、操作、试验和检修。变电所布置应符合现行国家标准《3~110 kV 高压配电装置设计规范》GB 50060、《20 kV 及以下变电所设计规范》GB 50053 及《35 kV~110 kV 变电站设计规范》GB 50059 等的有关规定。

16.2.13 变电所直流操作电源宜采用成套装置，蓄电池容量应满足交流停电情况下连续供电 2 h 的要求。

16.2.14 变电所的中压继电保护设置应符合国家现行标准《电力装置的继电保护和自动装置设计规范》GB/T 50062 的有关规定。

16.2.15 牵引变电所直流设备的保护设置应符合现行国家标准《地铁设计规范》GB 50157 的有关规定。

16.2.16 过电压保护应符合现行国家标准《交流电气装置的过电压保护和绝缘配合设计规范》GB/T 50064 的有关规定。

16.2.17 变电所设计应满足电力监控系统的要求。

16.2.18 变电所综合自动化装置应具备下列基本功能：
  1 保护、控制、信号、测量；
  2 电源自动转接；
  3 必要的安全联锁；
  4 程序操作；
  5 装置故障自检；
  6 开放的通信协议及接口。

16.2.19 电力电缆与控制电缆，在地下、隧道区段敷设时应采用无卤、低烟的阻燃电线和电缆。

16.2.20 电缆敷设应符合现行国家标准《电力工程电缆设计规范》GB 50217 的有关规定。

16.3 接触网系统

16.3.1 当车辆不设置车载储能装置或车载储能装置补充电能后仍不能满足行车运营组织要求时，悬挂式单轨交通车辆应采用接触网系统供电。

16.3.2 悬挂式单轨交通应根据车辆牵引方式合理选择接触网系统。

16.3.3 接触网系统应与车辆集电器、轨道梁相匹配，满足悬挂式交通车辆的供电需求。

16.3.4 接触网设计的气象条件的确定，地下部分的气温取值应根据环境条件确定，其余应符合现行国家标准《地铁设计规范》GB 50157 及现行行业标准《铁路电力牵引供电设计规范》TB 10009 有关规定。

16.3.5 接触网系统应满足行车速度的要求，保证车辆良好取流。

16.3.6 接触网系统应结构简单，安装方便，便于维修和运营。

16.3.7 接触网系统设备和线材应耐腐蚀、寿命长、少维修。

16.3.8 接触网系统载流量应满足远期高峰小时一个牵引变电所解列，由相邻牵引变电所越区供电时列车正常运行的供电要求。

16.3.9 接触网系统电分段的原则：在有牵引变电所的车

站，接触网在列车进站侧设置电分段；在道岔、存车线及折返线设电分段。

16.3.10 绝缘距离应符合国际电工委员会 IEC 60913 标准或相关设计规范要求，还应满足车辆、限界、轨道梁等专业的要求。

16.3.11 接触网系统设备安装应综合考虑对城市或周边景观的影响。

16.3.12 在满足技术要求的前提下，接触网系统的设备宜采用国产设备。

16.3.13 接触网系统设备安装限界应满足本标准第 5 章的相关规定。

16.4 电源充电系统

16.4.1 车辆若采用车载储能装置供电，应根据车辆用电需求设置电源充电系统。

16.4.2 电源充电系统应简单可靠，宜布置在车站或车辆基地内。

16.4.3 电源充电系统应采用技术成熟、安全可靠的产品。

16.4.4 电源充电系统的进线电压等级宜采用 AC 0.4 kV 或 AC 10 kV。电压等级的选取应根据车辆需求、外部电源条件、负荷规模、供电距离等因素，经技术经济综合比较确定。

16.5 电力监控系统

16.5.1 悬挂式单轨交通系统应设置电力监控系统。电力监控系统的系统构成、设备选型、系统容量和功能配置应满足运营管理的需要，并预留一定的扩展能力。

16.5.2 电力监控系统应包括电力调度系统（主站）、变电所综合自动化系统（子站）及联系两者的专用数据传输通道。

16.5.3 当设有综合监控系统时，电力调度系统应集成到综合监控系统中。

16.5.4 电力监控系统主站的设计，应包括主站的位置、系统构成、设备的选型，以及系统功能、容量、监控范围等。

16.5.5 电力监控系统子站的设计，应包括子站设备的位置、容量、功能、选型等。

16.5.6 电力监控系统通道的设计，应包括通道的结构形式、主/备通道的配置方式、通道的接口形式和性能要求等。

16.5.7 电力监控系统宜采用通信系统的标准时钟信号。

16.5.8 主站设备应按照双冗余系统的原则进行配置。

16.5.9 电力监控系统四遥对象、系统功能及技术指标应符合现行国家标准《地铁设计规范》GB 50157 的相关规定。

16.6 动力与照明

16.6.1 动力与照明用电设备的负荷分级应符合下列规定：

1 一级负荷：应急照明、变电所操作电源、火灾自动报警系统设备、消防系统设备、消防电梯、排烟系统用风机及电动阀门、通信系统设备、信号系统设备、道岔系统设备、电力监控系统设备、环境与设备监控系统设备、自动售检票系统设备、兼作疏散用的自动扶梯、站台门。其中，变电所操作电源、火灾自动报警系统设备、专用通信系统设备、信号系统设备、电力监控系统设备、环境与设备监控系统设备为一级负荷中特别重要的负荷。

2 二级负荷：车站站厅照明、站台照明、附属房间照明、普通风机、排污泵、电梯、自动扶梯。

3 三级负荷：空调制冷及水系统设备、锅炉设备、广告照明、清洁设备、电热设备、维修设备等。

16.6.2 动力与照明负荷供电方式应符合下列规定：

1 一级负荷应采用双电源供电。对于特别重要负荷可另外设置蓄电池作为第三电源，容量应满足防灾和设备故障处理的要求。

2 二级负荷宜由两回线路供电。

3 三级负荷由单回线路供电，当全线中压供电网络中只有一个电源工作时，可切除三级负荷。

16.6.3 动力与照明的负荷计算应采用需要系数法。

16.6.4 大容量设备或负荷性质重要的用电设备宜采用放射式配电。中小容量设备，宜采用树干式配电，用电点集中且容量较小的次要用电设备可采用链式配电，链接的设备不宜超过 5 台，其总容量不应超过 10 kW。

16.6.5 动力与照明用电设备的无功补偿及滤波设备宜在变电所内集中设置，对于容量较大、负荷平稳且经常使用的用电设备宜单独就地补偿。设置于变电所内的无功补偿及滤波设备可以考虑位置预留，待需要时投入设备。

16.6.6 区间照明电压偏差允许值应为 +5%～-10%，其他用电设备端子处电压偏差允许值应符合现行国家标准《供配电系统设计规范》GB 50052 的有关规定。

16.6.7 动力设备的控制根据需要可采用下列措施：

1 就地控制（包括手动与自动）；

  2　车站控制；

  3　中央控制。

16.6.8　车站应设置站厅和站台照明、附属房间照明、广告照明、应急照明和导向标志照明等。照明配电箱宜集中设置。车站照明应分组控制。

16.6.9　车站站台、站厅、出入口等公共活动区域内，宜设置节电照明。

16.6.10　应急照明应设置在车站的站台、站厅、出入口、疏散通道、紧急出口、车站控制室、站长室、公安用房、通信机房、信号机房、变电所设备房、自动售检票机房、防灾报警机房、设备监控机房、消防泵房和区间隧道内。当正常交流电源全部退出时，应急照明供电时间不应小于 60 min。

16.6.11　区间隧道的露天出入口处应设置照明过渡段。

16.6.12　车站站厅和站台应设清扫用移动电器的电源插座；区间隧道宜设置维修用移动电器的电源设施。

16.6.13　动力与照明的插座回路应具有漏电保护功能。

16.6.14　当车站内设电炉、电热、分散式空调的电源时，宜采用单独回路供电。

16.6.15　照明光源选择，可参照现行国家标准《城市轨道交通照明》GB/T 16275 执行。

16.6.16　车站和区间的照度标准，可参照现行国家标准《建筑照明设计标准》GB 50034、《城市轨道交通照明》GB/T 16275 执行。

16.6.17　车站与区间、控制中心、车辆基地、停车场等建筑物及其他户外设施的防雷设计，应符合现行国家标准《建筑物防雷设计规范》GB 50057、《建筑物电子信息系统防雷技术规范》GB 50343 的有关规定。

16.7 综合接地

16.7.1 综合接地系统由接地装置、贯通接地体构成，其中，接地装置应包括接地体（极）、接地端子和接地线。

16.7.2 接地装置接地电阻不应大于接入设备中要求的最小值。

16.7.3 接地装置设置强、弱电接地母排与防雷接地母排，强、弱电接地母排与防雷接地母排沿接地体距离大于 20 m。

16.7.4 当轨道梁采用金属结构时，将金属梁作为贯通接地体，两片梁之间电气连接；当轨道梁为混凝土结构时，应设置全线贯通地线。

16.7.5 将桥墩作为自然接地体，并与钢梁梁体或混凝土梁的贯通接地线电气连接。

17 通 信

17.1 一般规定

17.1.1 通信系统应为悬挂式单轨交通运营管理提供稳定、可靠、畅通的语音、数据和图像等通信业务，做到系统可靠、功能合理、设备成熟、技术先进、经济实用。

17.1.2 通信系统宜由传输系统、公务电话系统、专用电话系统、无线通信系统、广播系统、时钟系统、视频监视系统、乘客信息系统、电源及接地系统、集中告警系统、办公自动化系统等子系统组成。

17.1.3 通信各子系统均应具有网络管理功能，主要通信设备和模块应具有自检和报警功能，并适当冗余配置。

17.1.4 确定通信系统的总体方案及系统容量时,应将近期建设规模和远期发展规划相结合。

17.1.5 通信系统必要时可设公安通信系统。设置公安通信系统时，宜与专用通信相关系统合设，其中公安无线通信系统可采用补充覆盖或网络延伸方式进行建设。

17.1.6 通信系统中的无线通信系统宜采用无线综合承载，同时实现无线语音调度和悬挂式单轨交通各子系统车地无线数据传输。

17.1.7 通信系统在正常运营时，应为运营管理提供信息；在灾害、事故或突发事件情况下，应为防灾、救援和事故处理的指挥提供保证。

17.1.8 通信系统的车载设备严禁超出车辆限界，地面设备托板托架、线缆的设置严禁侵入建筑限界，严禁超出设备限界。

17.1.9 通信系统设备应符合电磁兼容性的要求，并应具有抗电气干扰性能。

17.1.10 通信系统工程设计选用的电气装置、电子设备应满足国家现行有关过电压、过电流指标及端口抗扰度试验标准的规定。通信系统设备应采取防雷措施。

17.2 传输系统

17.2.1 应建立以光纤为主的通信传输系统网络，并应满足悬挂式单轨交通通信各子系统和信号、供电、防灾、环境与设备监控、自动售检票等系统各种信息传输的要求，并应留有余量。

17.2.2 传输系统应利用不同径路的两条光缆或同径路不同的两条光缆构成自愈保护环，并配置传输网络管理系统。

17.2.3 干线光缆容量应满足通信、信号、自动售检票等系统对光纤容量的需求，并结合远期发展预留余量。干线光缆网宜根据线网规划和建设需求统筹规划光缆数量、容量和光缆径路。

17.2.4 通信主干电缆、光缆宜采用阻燃、低烟、无卤、防腐蚀、防潮、防紫外线材料，并应具有防电磁干扰的防护层。室外裸露电缆、光缆的外防护层应具有防阳光辐射、防雨淋等功能。站内配线电缆应采用带有屏蔽层的塑料护套电缆。

17.2.5 通信电缆、光缆应与强电电缆分开敷设。光缆与电力电缆同径路敷设时，宜采用非金属加强芯。

17.2.6 通信光缆的敷设可不设屏蔽地线，但接头两侧的金属护套及金属加强件应相互绝缘，光缆引入室内应做绝缘接头。

17.2.7 通信光电缆的埋深、与其他管线及建筑物间的最小净距应符合现行国家标准《地铁设计规范》GB 50157 的规定。

17.3 公务电话系统

17.3.1 悬挂式单轨交通公务电话系统一般宜采用独立公务通信系统，也可纳入城市公用电话网或与专用电话系统合设。

17.3.2 公务电话交换网与公用网本地电话局的连接方式宜采用全自动呼出、呼入中继方式，并纳入公用本地网的统一编号。中继线的数量，应根据话务量大小和国家有关规定确定。

17.3.3 公务电话系统独立设置时宜设置计费管理系统，应采用统一用户编号。在交换网中宜采用下列方式：

    1 "0"或"9"为呼叫公用网的首位号码；

    2 "1"为特种业务、新业务首位号码；

    3 "2～8"为用户的首位号码。

17.3.4 公务电话系统对特种业务呼叫应能自动接到市话网"110""119""120"等。

17.3.5 公务电话交换设备应具备完善的监控管理接口和功能，并设置维护终端。在控制中心宜设置集中网络管理设备，对全网内的公务电话交换设备进行统一管理。

17.3.6 无特殊要求时，公安电话系统可利用专用通信公务电话系统实现。

17.3.7 公务电话交换设备的容量应根据机构设置、新增定员、通信业务等因素确定，并应为发展预留余量。

17.3.8 交换网传输衰耗、网络同步应符合现行行业标准《固定电话交换网工程设计规范》YD 5076 的规定。公务电话基本功能应符合现行行业标准《固定电话交换网工程设计规范》YD 5076 的规定。

17.4 专用电话系统

17.4.1 专用电话系统是为控制中心调度员、车站和车辆基地的值班员组织指挥行车、运营管理及确保行车安全而设置的专用电话系统设备。

17.4.2 专用电话系统主要包括调度电话、站间行车电话、车站和车辆基地内直通电话。

17.4.3 专用电话系统应由中心交换设备、车站和车辆基地交换设备、终端设备、录音装置及网管设备等组成。有条件时，专用电话系统与公务电话系统可采用合设方式，但应保证调度专用功能。

17.4.4 调度电话应为控制中心调度员与各车站、车辆基地值班员，以及与办理行车业务直接有关的人员提供调度通信，主要应包括行车、电力、防灾环控及维修等调度电话组。

17.4.5 控制中心调度台宜设置在控制中心调度大厅内，行车调度电话分机应设置在各车站行车值班员和车辆基地信号楼行车值班员等处；电力调度电话分机应设置在电力值班人员所在的处所；防灾环控调度分机应设置在防灾环控值班人员所在的处所。行车调度电话可兼做防灾、环境与设备监控系统之用。

17.4.6 调度电话应满足如下要求：

1 调度电话终端能选呼、组呼和全呼分机，任何情况下均不能发生阻塞。

2 调度电话分机可对调度电话值班台进行一般呼叫和紧急呼叫。

3 应具有召集固定成员电话会议和实时召集不同成员的临时会议的能力。

4 调度电话系统应具有录音功能。

17.4.7 站间行车电话是保证安全行车的专用电话设备，供相邻车站值班员间办理有关行车业务联系。站间行车电话应设在各车站行车值班室，在其回线上不得连接其他电话。

17.4.8 车站专用直通电话应提供行车值班员或站长与本站内运营业务有关人员进行通话联系。车辆基地专用直通电话可根据车辆基地作业性质设置行车指挥电话、乘务运转电话、基地内调度指挥电话、车辆检修电话等。车站、停车场专用直通电话采用辐射式直通电话方式。

17.5 无线通信系统

17.5.1 悬挂式单轨交通宜设置无线通信系统为控制中心调度员、车辆基地调度员、车站值班员等固定用户与列车司机、防灾、维修、公安等移动用户提供通信手段。无线通信系统必须满足行车安全、应急抢险的需要。

17.5.2 无线通信系统采用的制式应符合现行国家有关技术标准，所采用的工作频段及频点应由当地无线电管理部门批准。无线通信系统根据业务需求可采用专用频道方式，宜采用技术先进、功能齐全的数字集群移动通信方式。

17.5.3 无线通信系统应采用有线、无线相结合的传输方式。中心设备应通过光数字传输系统或光纤与无线基站连接，各基站通过天线空间波传播或经漏缆的辐射构成与移动台的通信。

17.5.4 无线通信系统可根据运营需要设置行车调度、防灾环控调度、综合维修调度、车辆基地调度等系统。

17.5.5 无线通信系统应具有选呼、组呼、全呼、紧急呼叫、呼叫优先级权限等调度通信功能，并应具有语音存储功能、监测功能等。

17.5.6 无线通信系统的车载设备应设置与车辆相关的广播系统接口，在紧急状态下控制中心可直接向车辆内的乘客进行广播。

17.5.7 无线通信系统宜承载悬挂式单轨交通各子系统车地无线数据传输。

17.5.8 应按国家有关要求考虑地方公安、消防无线通信系统的设置。

17.6 广播系统

17.6.1 广播系统应保证控制中心调度员和车站值班员向乘客通告列车运行以及安全、向导等服务信息，向工作人员发布作业命令和通知，发生火灾时可兼作救灾广播。

17.6.2 广播系统由控制中心设备、车站广播设备和车辆基地广播设备组成。控制中心应设置行车和防灾广播控制台，车站行车和防灾广播控制台可合设。控制中心广播控制台可以对全线选站、选路广播；车站广播控制台可在本站管区内广播。

17.6.3 广播系统宜与无线系统移动终端设置接口，以供运营人员在站台等公共区域可随时加入本站广播系统作定向广播。

17.6.4 列车广播设备宜与车辆配套设置。列车广播设备应兼有自动和人工两种播音方式，同时可接收控制中心调度员通过无线通信系统对运行列车中乘客的语音广播。

17.6.5 车辆基地广播系统供车辆基地行车调度指挥人员向与行车直接有关的停车场内生产人员发布作业命令及有关安全信息等。车辆基地广播系统可接入正线运营广播系统。

17.6.6 列车进站时车站可自动广播乘客导乘信息，并在乘客信息系统中显示到站信息同时降低声音，列车进站信息宜由信号系统提供。

17.6.7 正线运营广播系统车站负荷区宜按站台层、出入口通道进行划分。站台层采用噪声监测器以确保负荷区各点的声场均匀度及混响指标并保证广播声音清晰、稳定。

17.7 时钟系统

17.7.1 时钟系统为各线、各车站、车辆基地提供统一的标准时间信息，为通信各子系统及其他系统提供统一的时间信号。时钟系统应由中心母钟（一级母钟）、车站和车辆基地母钟(二级母钟)、时间显示单元(子钟)组成。

17.7.2 一级母钟应能接收外部全球卫星定位系统(GPS)基准信号和北斗卫星导航系统(BDS)基准信号并自动进行校准,一级母钟定时向二级母钟、连接的子钟及其他需提供统一的时间信息的各系统发送时间编码信号用以校准;二级母钟产生时间信号提供给本站的子钟。母钟应具有万年历功能并具有年、月、日、时、分、秒输出与显示功能。子钟应能显示时、分、秒。

17.7.3 一级母钟自走时精度应在 10^{-7}s 以上,二级母钟自走时精度应在 10^{-5}s 以上。

17.7.4 一级母钟、二级母钟应配置数字式及指针式多路输出接口,一级母钟应配置数据接口与其他需要时间信息的系统连接。

17.7.5 一级母钟宜设置于控制中心且宜满足多条线路的共享。各车站、车辆基地应设置二级母钟;中心调度室、车站值班控制室、变电所值班室、站厅、站台及其他与行车直接有关的办公室等处所应设置子钟。

17.7.6 子钟可采取数字式和指针式及采用单面或双面显示,宜采用网络子钟。在设置乘客信息系统显示终端的站台、站厅等处,宜由乘客信息系统显示终端的时间代替子钟功能。

17.8 视频监视系统

17.8.1 视频监视系统应为控制中心调度员、各车站值班员、公安等提供有关列车运行、防灾、救灾及乘客疏导等方面的视觉信息。

17.8.2 视频监视系统应由中心控制设备、车站控制设备、图像摄取、图像显示、录像及视频信号传输等部分组成。

17.8.3 视频电视监视系统应在售检票大厅、乘客集散厅、进出站闸机、站台、自动扶梯、换乘通道、道岔区域、求助电话等公共场所设置视频摄像设备；在变电所、设备用房及票务室、售票处等场所也宜设置，在车辆基地车库、高架区间、大跨径桥梁、隧道等区域也可设置；视频摄像设备宜采用POE供电设备。

17.8.4 视频监视系统的摄像机、监视终端应采用符合国家广电标准的制式。室外摄像机应设全天候防护罩，并应适应最低 0.2 lx 的照度；室内摄像机应适应最低 1 lx 的照度或应急照度要求。在室外及高架站等特殊地点考虑到天气变化和光线直射的影响应采用宽动态摄像机。

17.8.5 视频监视系统应具备监视、控制优先级、循环显示、任意定格与锁闭、图像选择、不间断实时录像、摄像范围控制、字符叠加、远程电源控制等功能。

17.8.6 图像数字化编解码技术应采用标准通用的数字编码格式。

17.8.7 公安视频监控系统的建设，应按国家主管部门有关要求实施，宜与专用电视监控系统合设。

17.9 集中告警系统

17.9.1 专用通信系统宜设置集中告警系统。当悬挂式单轨交通设置综合运维管理系统时，集中告警系统宜与综合运维管理系统合设。

17.9.2 集中告警系统可实现故障监测、安全管理等功能，与通信各子系统的网络管理设备应采用标准、通用的硬件接口和通信协议。

17.9.3 集中告警系统应利用通信各子系统具有的自诊断功能，采集通信各子系统的设备运行、故障信息，并进行告警和记录。

17.9.4 集中告警系统应有多级管理权限设置。

17.10 办公自动化系统

17.10.1 悬挂式单轨交通可配置办公自动化系统。

17.10.2 办公自动化系统应为运营和管理提供电子办公、信息发布、日常运作和管理、资源管理的信息平台。

17.10.3 办公自动化系统宜根据运营单位的需求，统一规划和实施办公自动化软件平台的建设。

17.10.4 办公自动化系统宜利用传输系统作为主干传输网络，可在与运营相关的办公场所设置用户终端设备，并接入在线路控制中心、车站、车辆基地设置的数据网络设备。

17.10.5 办公自动化系统应设置完善的网络安全措施。

17.11 乘客信息系统

17.11.1 乘客信息系统应具有安全性、可靠性、可扩充性和使用灵活性，并应做到技术先进、经济合理、简洁实用。

17.11.2 乘客信息系统应具有完备的信息处理能力，并应通过系统外部接口进行数据交换及将获得的数据经系统处理后，向乘客提供信息服务。

17.11.3 乘客信息系统除应提供运营相关信息外，尚宜提供新闻、天气预报、道路交通等公共信息及公益广告等信息，应支持文字、图片、视频信息等媒体格式。

17.11.4 需同时显示多类信息的终端显示设备，应具有每个区域可独立控制的多区域屏幕分隔功能，并应具备单独播出列表功能。

17.11.5 车站终端显示设备宜设置于站台、站厅、出入口通道、换乘通道、进站口、出站口区域。站厅和站台宜设置多媒体触摸查询设备。

17.11.6 车载子系统宜配备车载控制设备、车载无线设备、图像存储设备、网络设备和客室终端显示屏。

17.11.7 乘客信息系统的传输网络宜由通信系统构建；车站局域网可由乘客信息系统独自构建或利用视频监视系统车站网络，区间车地无线网络可由乘客信息系统独自构建或利用无线通信系统综合承载，车地无线网络应满足高速列车的无缝切换。

17.11.8 乘客信息系统宜设置与时钟系统、广播系统、信号系统、综合监控系统等内部专业连接的接口，并宜设置与数字电视、无线电视、有线电视等外部信息源连接的接口。

17.12 电源及接地系统

17.12.1 通信电源系统应保证对通信设备不间断、无瞬变地供电，并具有集中监控管理功能。通信电源设备应满足通信设备对电源的要求。

17.12.2 通信设备应按一级负荷供电。引接双电源双回路的交流电源至通信机房交流配电屏，当使用一路出现问题时，应能自动切换至另一路。

17.12.3 对要求直流供电的通信设备，应采用集中方式供电。直流电源基础电压为-48 V，其他种类的直流电源电压应通过直流变换器供电。

17.12.4 对要求交流不间断供电的通信设备，应采用交流不间断电源（UPS）供电方式集中供电。

17.12.5 电源设备容量满足期限应符合下列要求：
 1 直流、交流配电设备的容量应按远期负荷配置。
 2 整流器、直流变换器、逆变器、交流不间断电源设备及蓄电池组的容量应按近期配置。

17.12.6 悬挂式单轨交通宜采用综合电源系统，为弱电系统进行综合供电。综合电源系统应配置 UPS 设备和蓄电池组，蓄电池组应保证连续供电时间满足各系统需求，其中通信系统不少于 2 h。

17.12.7 当不采用综合电源系统时，蓄电池组应保证连续供电不少于 2 h。交流不间断电源设备的蓄电池宜设一组。直流供电设备蓄电池组宜设置两组并联，每组容量应为总容量的 1/2。

17.12.8 通信设备的接地系统设计，应做到确保人身、通信设备安全和通信设备的正常工作。

17.12.9 通信系统接地宜采用综合接地方式，也可采用分设接地方式，综合接地体电阻值不应大于 1 Ω。

17.13 通信用房技术要求

17.13.1 通信设备用房应根据设备合理布置的原则,确定机房及生产辅助用房的面积。

17.13.2 通信机房的位置安排,除应做到经济合理、运转安全外,在技术上尚应考虑引入方便、配线最短、楼层的承载能力满足要求和便于维修等方面的因素。

17.13.3 各种机房的面积均应按远期容量确定,并根据需要提供公安通信系统设备设置的用房。

17.13.4 通信机房的内装修应满足通信设备的要求,应做到照明充足、防尘、防潮、防静电等。

17.13.5 在通信机房的设计中,应根据通信设备及布线的要求合理预留沟、槽、管、孔。

17.13.6 通信机房的室内最小净高不应小于2.8 m(不含架空地板和吊顶高度),其他辅助用房应按照一般办公用房工艺要求设计。

18 信 号

18.1 一般规定

18.1.1 信号系统结构及设备配置应满足悬挂式单轨交通运营管理模式和行车组织方式的要求。

18.1.2 信号系统应由行车指挥和列车运行控制设备组成,并应设置必要的故障监测、报警设备及维护管理设备。

18.1.3 信号系统应设置与车辆系统、供电系统、道岔系统、通信系统、FAS/BAS 等其他机电系统连接的接口,宜与供电系统、FAS/BAS 等机电系统进行全系统集成或操作界面集成,逐步实现综合运维自动化。

18.1.4 信号系统采用的器材、设备和技术指标应符合现行国家标准《城市轨道交通信号系统通用技术条件》GB/T 12758 的规定。

18.1.5 信号系统宜采用模块化、轨旁设备较少的列车自动控制系统,其中所采用的轨旁设备和车载设备宜尽可能小型化、轻型化,并适合于在悬挂式单轨交通特有的轨道梁桥环境下的安装和维护。

18.1.6 涉及行车安全的系统、设备及电路应符合故障导向安全的原则。采用的安全系统、设备应通过独立第三方安全认证。

18.1.7 信号系统应具有高可靠性、高可用性和良好的电磁兼容性,并满足环保要求。

18.1.8 信号车载设备严禁超出车辆轮廓线,信号轨旁设备严禁侵入设备限界。

18.1.9 信号工程设计应满足现代化维护管理的需求。信号设备应便于维修、测试及更换。

18.1.10 信号系统应设置与风力监测系统连接的接口,并根据风速等级按规定策略采取对应防护措施。

18.1.11 在轨旁现场及公共视野安装的信号设备应与城市或周边景观相协调。

18.1.12 信号系统应按远期设计年限设计,宜采用完整的列车自动控制(ATC)系统。

18.2 系统要求

18.2.1 信号系统应包括正线信号系统及车辆段/停车场信号系统。ATC系统应包括下列主要系统:

1 列车自动监控(ATS)系统;
2 列车自动防护(ATP)系统;
3 列车自动运行(ATO)系统;
4 数据通信系统(DCS);
5 维护管理系统(MMS)。

18.2.2 信号系统可采用准移动闭塞或移动闭塞制式的ATC系统。

18.2.3 ATC系统的选择应符合下列规定:

1 采用安全、可靠、成熟、先进的技术装备,并具有较高的性价比。
2 满足运行能力要求,能实现故障弱化处理,满足不中断运营的需要。

18.2.4 信号系统设计能力应符合下列要求：

1 信号系统监控范围应按线路和站场所确定的建设规模设计，系统监控能力应与线路规模、运行能力相适应。

2 信号专业应与行车等专业配合，并应通过列车运行仿真分析计算通过能力、折返能力及出入车辆基地的能力。

3 出入车辆基地的列车不应影响正线列车的行车能力。

4 信号系统应能与车辆、通信、电力监控、防灾报警、环境监控、乘客信息、广播、站台门、道岔和车辆段/停车场设备等系统接口。

18.2.5 信号系统宜实现下列控制：

1 控制中心自动控制；

2 控制中心调度员人工控制；

3 车站自动控制；

4 车站值班员人工控制。

为应对突发情况，在自动控制模式下均应具备人工介入控制能力。

18.2.6 列车运行可有以下驾驶模式：

1 列车有人值守的全自动驾驶模式；

2 列车自动运行驾驶模式；

3 列车自动防护驾驶模式；

4 限制人工驾驶模式；

5 非限制人工驾驶模式。

信号系统必须具备列车自动防护驾驶模式、限制人工驾驶模式和非限制人工驾驶模式；实际应用中可根据运营管理和运输能力需求，选择增加列车自动驾驶模式及列车有人值守全自动驾驶模式。

18.2.7 车辆段和停车场的控制方式可采用控制中心只监视、不控制,由其独自控制方式,也可采用部分或全部纳入ATC监控范围的方式,其纳入部分的系统和设备应与正线信号系统设备相同。

18.3 列车自动监控（ATS）系统

18.3.1 列车自动监控（ATS）系统应具有下列主要功能：
1 列车自动识别、跟踪、车次号显示；
2 列车运行和设备状态自动监视；
3 自动进路和自动信号的控制；
4 运行图编制及管理；
5 列车运行自动调整；
6 操作与数据记录、回放、输出及统计处理；
7 车辆信息及人员管理；
8 系统故障时降级使用及故障复原处理；
9 列车运行模拟及培训。

18.3.2 列车自动监控（ATS）系统应符合下列基本要求：
1 可监控一条或多条运营线路。监控多条运营线路时,应保证各条线路具有独立运营和混合运营的监控能力。
2 ATS计算机系统及网络系统应采用冗余技术,控制中心应设调度员工作站、调度长工作站、运行图编辑工作站、培训/模拟工作站以及其他必要的设备；调度员工作站的设置数量,应根据在线列车对数、线路长度和车站数量等因素合理配置。
3 控制中心宜采用大型背投显示屏、液晶显示器与鼠标的组合设备，车站宜采用液晶显示器与鼠标的组合设备。

4 为满足列车临时交路的需要，凡具备折返条件的有岔车站，均应按具有折返作业进行功能配置。

5 列车进路可根据运行图和列车车次号等条件实现自动控制。

6 在车站站台正向出站方向列车司机室前方位置及出入线进入正线位置，宜设置用以提示发车时刻的发车表示器，发车表示器应采用数字显示方式。

7 ATS系统数据传输应满足下列要求：

1）系统容量、传输速率和传输距离应满足系统实时监控的需要，满足行车指挥的运用要求。

2）数据传输应具有差错控制能力。

3）数据传输网络应具有冗余措施，主备通道应能实现自动和人工切换。

8 ATS系统应能够从通信时钟系统获取标准时间同步信号。

9 若设置综合运维系统，ATS宜与综合运维系统集成。

18.4 列车自动防护（ATP）系统

18.4.1 列车自动防护（ATP）系统应具有下列基本功能：

1 检测列车位置，实现列车间隔控制和进路控制；

2 监督列车运行速度，实现列车超速防护控制；

3 防止列车误退行等非预期的移动；

4 为列车车门、站台门的开闭提供安全监控信息；

5 记录司机的操作和设备运行状况。

18.4.2 列车自动防护（ATP）系统应符合下列基本要求：

1 悬挂式单轨交通系统必须配置 ATP 系统，其系统安全完整度等级应满足 SIL4 级要求，ATP 系统内部电路及设备之间的信息传输通道也应符合故障导向安全的原则。

2 ATP 系统应由地面轨旁设备（含联锁功能）和车载设备组成，ATP 地面/车载计算机设备应采用三取二或二乘二取二冗余结构。

3 ATP 系统应按双方向运行设计。

4 闭塞分区的划分或列车运行安全间隔应通过列车运行模拟确定。为保证行车安全，在安全防护地点运行方向的前方应设安全防护距离并留有余量。

5 列车自动防护系统宜采用连续式速度控制方式，信息传输和列车位置检测可采用环线、应答器、无线天线或漏泄电缆等方式实现。

6 采用基于通信技术的 ATP 系统时，车地无线通信网络应按照双套冗余进行设计。

7 根据线路运行和维护的需要，可在特定范围设置临时限速。

8 在车站站台上和车站控制室内应设置紧急停车按钮；当按下该按钮时，应取消该车站对应范围内的全部移动授权命令；如有地面信号机还应切断信号开放电路，以确保该范围内禁止列车进入，迫使已接近或已进入的列车或正准备从站台出发的列车制动或紧急制动停车。

9 可设置与风力监测系统连接的接口，并可根据监测到的风速等级，采取告警、限制列车运行速度或直接制动停车等安全防护措施。

18.4.3 车载设备应符合下列要求：

1 应以导致列车停车为最高的安全准则，任何地对车通信中断、超时、列车超速、列车的非预期移动等均应导致安全制动。

2 执行紧急制动时，应切断列车牵引，列车停车过程中不得中途缓解。

3 车门控制应在满足列车精确对位停车后才允许发出对应站台侧车门的开门命令。

18.4.4 ATP系统内联锁单元（或独立联锁设备）应符合下列基本要求：

1 必须符合故障导向安全的原则，应采用必要的冗余和安全技术，并具备必要的故障诊断和报警能力。

2 确保进路上的道岔、信号机和区段的联锁，联锁条件不满足时，禁止进路开通。敌对进路必须相互照查，不得同时开通。

3 应能实现进路锁闭、接近锁闭、区段锁闭及道岔单锁，并应能实现道岔的单独操纵和进路选动。影响行车效率的联动道岔宜采用同时启动方式。

4 装设引导信号的信号机因故不能正常开放时，应通过引导信号实现列车的引导作业。

5 车站进路控制通常采用进路的始终端控制方式，根据需要宜可实现车站有关进路、端站折返进路的自动排列。

6 联锁设备的操纵宜选用显示器加键盘鼠标方式。

18.4.5 轨旁信号机设置和显示应符合下列要求：

1 轨旁信号机宜采用LED光源构成的组合式小型色灯信号机，宜根据轨道梁桥的墩柱设置情况合理布置。

2 轨旁信号机的设置应符合下列原则：

1）采用基于通信技术的 ATC 系统应以车载信号显示为主体信号，轨旁只设置出段/场信号机和尽头阻挡信号机，可根据需要设置道岔防护信号机或道岔位置表示器。

2）采用基于传统列车位置占用检测设备（类似计轴设备）的 ATC 系统应设置包括出站、道岔防护、出段/场、区间以及阻挡等轨旁信号机，并作为主体信号使用。

3 信号机显示含义应符合下列规定：

1）红灯——进路未开通，禁止通过该架信号机；

2）黄灯——建立侧向进路，准许列车按规定限速通过该信号机，并准备停车；

3）绿灯——建立直向进路，准许列车按规定速度通过该信号机；

4）红灯+黄灯——引导信号，准许列车在该信号机前方不停车，以不超过规定的速度运行，并随时准备停车；

5）月白灯——允许调车。

4 采用基于通信技术的 ATC 系统，出段/场信号机、尽头阻挡信号机应采用常态着灯方式，其他轨旁信号机可根据运营需求来决定常态着灯或灭灯方式。

18.4.6 ATP 系统内联锁单元（或独立联锁设备）与道岔的接口应符合下列要求：

1 联锁设备通过与道岔控制柜的接口实现对道岔的集中控制和信息采集。

2 联锁与道岔的接口分界点位于道岔控制柜的外线端子处。

3 联锁设备提供驱动道岔至定位、驱动道岔至反位控制命令信息及其他现场手动操作所需的接口信息。

4 道岔控制柜提供与道岔位置相符的表示信息及道岔故障信息。

5 联锁设备与道岔的接口电路应满足双方接口需求，并符合故障导向安全的原则。

18.5 列车自动运行（ATO）系统

18.5.1 列车自动运行（ATO）系统应具有以下主要功能：

1 站间自动运行；
2 车站自动精确对位停车；
3 有人或无人驾驶自动折返；
4 列车运行自动调整；
5 列车运行节能控制；
6 列车车门开关的自动监控。

18.5.2 列车自动运行（ATO）系统应符合以下基本要求：

1 ATO系统必须在已装备有ATP系统、确保行车安全的条件下安装使用。

2 根据线路条件、道岔状态、前方列车位置等实现列车速度自动控制；区间停车后，在条件具备的情况下实现列车的自动启动；车站发车时，列车可自动启动或由司机操作启动。

3 ATO可根据运营需要提供多种区间运行模式，满足不同列车运营时分要求，适应列车运行自动调整的需要。

4 ATO应能自动精确对位停车，停车精度应满足停站、折返和存车作业的要求；安装有站台门的车站列车停车精度误差宜控制在±0.3 m范围内。

5 ATO控制过程应满足舒适度、快捷性以及节能的要求。

6 当采用储能供电系统时，ATO宜根据电池管理系统（BMS）的状态信息调整控车策略。

7 ATO应能控制列车实现车站通过作业。

18.6 数据通信系统（DCS）

18.6.1 DCS系统应包括轨旁骨干网络、车地无线网络和网络管理设备三大部分。DCS系统可由信号系统单独组建，也可由通信系统统一建设并提供数据通道。当由通信系统给信号系统提供数据通信时，应优先保证信号系统业务数据的实时可靠传输。

18.6.2 DCS轨旁骨干网络应采用独立的热备冗余物理通信通道，宜采用自愈型环网拓扑结构或者增强型准网状拓扑结构。

18.6.3 DCS车地无线网络可采用LTE-M技术或者基于802.11系列标准的WLAN技术。两种技术均应采用A、B双网冗余设计，同时应保证信号系统业务信息在空口传输的通信安全。

18.6.4 DCS网络管理系统宜采用SNMP标准协议、通过图形化界面对网络设备进行监控和管理。网络管理系统应能记录并保存DCS系统运行中的各类事件和告警信息。对于设置维护管理系统或综合运维管理系统的线路，DCS网管系统相关功能也可以集成到维护管理系统或综合运维管理系统中。

18.6.5 DCS系统应满足信息安全防护等级标准相关要求。

18.6.6 DCS系统应具备灵活性和拓展性，以满足信号系统配置调整和工程线路延伸的需要。

18.7 维护管理系统（MMS）

18.7.1 MMS负责整个信号系统的维护管理工作，应由中心服务器、车载诊断维护单元、监测系统和维护工作站等组成，可根据需要配置区域服务器。

18.7.2 全线设中心服务器，并可根据系统规模和数据存储要求等，考虑配置冗余的应用服务器和数据库服务器以及磁盘阵列。中心服务器存储和处理全线的运维数据，同时负责收集中央ATS和车载信号系统的运维数据。

18.7.3 每一列车应配置车载诊断维护单元。车载诊断维护单元收集车载信号设备的运维数据，并将其中的重要信息通过车地无线信道实时发送给中心服务器。

18.7.4 车辆段/停车场以及正线的每一个控区的监测系统负责收集和整理本区域内信号设备（包括道岔、信号机、电源屏等）的状态和故障信息，并将相关信息发送给MMS服务器。

18.7.5 可根据需要配置多台维护工作站和配套的打印机。维护工作站通过浏览器访问MMS服务器，提供给维护人员进行信息统计与查询、故障诊断定位等维护管理工作。

18.7.6 MMS系统应能存储不少于90 d的运维数据，车载诊断维护单元应能存储不少于7 d的运维数据，并提供数据导出的接口。

18.7.7 若设置综合运维系统，MMS宜与综合运维系统集成。

18.8 车辆段/停车场信号系统

18.8.1 车辆段/停车场的信号系统可包括下列主要设备：
　1　车辆段/停车场ATS分机；
　2　计算机联锁设备或ATP地面设备和无线信号覆盖设备；
　3　试车线信号设备；
　4　信号培训设备；
　5　日常维修和检查设备。

18.8.2 车辆段/停车场信号系统应满足下列基本要求：
　1　车辆段/停车场应设置进段/场信号机，并应根据需要设置列车信号机、调车信号机及尽头阻挡信号机等。车辆段/停车场各类信号机以显示禁止信号为定位。
　2　根据车辆段/停车场的运行模式和作业特点，信号系统可部分或全部纳入ATC的控制范围，实现在控制中心监控下，列车自动出入该区域的功能。
　3　试车线信号系统地面设备的布置，应满足车载信号设备等双向试车的需要，其地面设备应与正线信号系统的设备相同.
　4　信号培训设备应模拟ATC设备的运行，展示ATC系统的工作原理。

18.9 信号系统供电

18.9.1 信号系统供电负荷等级应为一级负荷。

18.9.2 信号系统应采用集中电源和分路馈电的方式，其交、直流电源应对地绝缘，输出至室外设备的供电回路应采用隔离供电方式。

18.9.3 电源电压波动超过用电设备正常工作范围时，应采取稳压和滤波等措施。

18.9.4 车载设备电源应由车辆专业提供，并应采取过压和过流保护措施。

18.9.5 信号系统可采用专用的电源屏和配电屏供电或综合电源系统供电，并具有主、副电源自动和手动切换装置，切换时不得影响用电设备正常工作。

18.9.6 信号电源屏宜选用不间断电源（UPS）设备和免维护电池设备。

18.9.7 控制中心、车辆段/停车场、车站及轨旁信号设备的 UPS 电池后备时间应相同，其电池后备供电时间应不小于 30 min。

18.9.8 电源容量除满足最大负荷需要外，还要考虑必要的备用容量。

18.10 防雷、电磁兼容与防护

18.10.1 电磁兼容应满足下列要求：

1 在设计、制造信号设备时，应保证电磁干扰不影响其安全性和可靠性，并采用屏蔽、滤波、接地、隔离、平衡以及其他技术措施，保证设备具有良好的电磁兼容性能。

2 在设计层面，应采取措施消除电磁辐射、感应、传导和静电释放等干扰因素对信号设备正常工作产生的影响；

信号设备、部件也应防止对其他系统、运营范围内以及附近系统正常工作产生的电磁干扰。

3 信号设备在正常工作时间向设备外部可能发射的电磁干扰，应符合电源和机箱端口试验项目有关规定的电磁发射限值要求。

18.10.2 信号系统防护应符合下列规定：

1 信号设备与供电接触网之间应留有安全距离。

2 信号电缆线路与强电线路应分开敷设，交叉跨越敷设时，宜采用相互垂直交叉方式，必要时可采取防护措施；动力电缆与信号电缆的最小平行间距离宜大于 0.5 m。

3 室外轨旁信号设备、与外线连接的室内信号设备应具有雷电防护措施，并应保证设备受雷电干扰时不得错误动作。

4 防雷元器件的选择应将雷电感应过电压抑制在被防护设备的冲击耐压水平之下，且防雷元器件的设置不应影响被防护设备的正常工作。

5 信号设备应设工作地线、保护地线、屏蔽地线和防雷地线，并宜采用接地线接入综合接地系统，其接地电阻应不大于 1 Ω；当未设或局部未设综合接地体时也可分散接地，分散接地电阻值不应大于 4 Ω。

6 出入信号设备室的电缆应采用屏蔽电缆，应在室内对电缆屏蔽层采用单端接地，并应在引入口设金属护套。

7 室外轨旁信号设备的金属箱、盒壳体应接地。

8 车载信号设备的接地母线应接入车辆的接地装置。

9 防雷与接地应按现行国家标准《建筑物电子信息系统防雷技术规范》GB 50343 的有关规定执行。

18.11 其 他

18.11.1 信号系统在区间的光、电缆路由可在轨道梁、道岔梁、桥墩柱结构设计中事先考虑、规划、预留。

18.11.2 信号系统电线路应满足下列要求：

1 在区间轨道梁、道岔梁内部以及车站内敷设的电缆应采用无卤、低烟、阻燃型电缆；在室外直接暴露在阳光下的区间、车站电缆应采取遮蔽防护措施或采用低烟、低卤、难燃、抗太阳辐射、抗老化型电缆。

2 电缆芯线或芯对应有一定的备用量，其中普通信号电缆的备用芯线数应符合下列规定：

　　1）9芯以下电缆备用1芯；
　　2）12芯～21芯电缆备用2芯；
　　3）24芯～30芯电缆备用3芯；
　　4）33芯～48芯电缆备用4芯；
　　5）52芯～61芯电缆备用5芯。

3 音频电缆的备用芯线最少为2芯，并成对备用芯线。

4 电缆贯穿隔墙、楼板的空洞处均应实施防火封堵。

18.11.3 信号系统设备用房应满足下列要求：

1 信号设备室面积应留有适当余量，以备设备增加、更新倒换。

2 信号设备室应适应设备运行环境的要求，并应符合现行国家标准《数据中心设计规范》GB 50174的有关规定。

3 信号设备室内设备机柜布置间距应满足设备安装及正常维护的需要，并符合现行国家标准《数据中心设计规范》GB 50174的有关规定。

4 信号设备室应按无人值守设计。

19 自动售检票系统

19.1 一般规定

19.1.1 悬挂式单轨交通宜根据建设和经济发展状况设置不同水平的自动售检票（AFC）系统。

19.1.2 自动售检票系统的设计能力应满足悬挂式单轨交通远期超高峰客流量的需要。自动售检票设备的数量按近期超高峰客流量计算确定，按远期超高峰客流量预留位置与安装条件。

19.1.3 自动售检票系统设计应结合轨道交通线网规划考虑线路间换乘及清分。

19.1.4 自动售检票系统交易数据宜采取异地容灾措施。

19.1.5 自动售检票系统的设计应以可靠性、安全性、开放性、可维护性、可扩展性、经济性为原则。

19.1.6 自动售检票系统应具备用户权限管理的功能，防止非法操作。

19.1.7 自动售检票系统应设置与相关系统连接的接口。

19.1.8 自动售检票系统应能满足悬挂式单轨交通各种运营模式的要求。

19.1.9 自动售检票系统应具备抗电磁干扰和适应车站环境条件的能力。

19.1.10 自动售检票系统应选用操作方便、快速的设备，并应有清晰的信息提示。需乘客参与操作的车站售检票设备还应操作简单和使用安全。设备对乘客的不规范操作应有一定容错能力，不能因乘客错误操作导致设备不能正常工作。

19.1.11 需乘客身体接触的售检票设备，设备所有金属接触部分应充分考虑保护接地措施，保证乘客安全使用。

19.1.12 自动售检票系统的设备应具有连续 24 h 不间断工作的能力。

19.1.13 中央计算机系统发生故障或传输网络中断时，车站计算机系统和车站自动售检票设备能独立运行，数据不丢失。故障恢复后故障期间设备信息和交易数据能完整送回中央计算机。

19.1.14 自动售检票系统宜按照多层架构体系进行设计，并应遵循集中管理、分级控制、资源共享的原则。各层应具有独立运行的能力，以满足运营管理需要。

19.1.15 自动售检票系统应实现轨道交通清分管理中心、线路中心和车站三级管理，实现线路中心、车站和设备三级控制。

19.1.16 车站应设置紧急控制装置，并在车站控制室设置紧急控制按钮。在火灾工况时，紧急控制装置接收 FAS 发送的联动信号释放自动检票机。在 FAS 联动失效或其他紧急情况时，通过车站控制室设置紧急控制按钮释放自动检票机。

19.1.17 自动售检票中央计算机系统信息安全宜按三级等保进行设计，车站级计算机系统信息安全宜按二级等保进行设计。

19.2 自动售检票系统的构成

19.2.1 自动售检票系统应由清分系统、中央计算机系统、车站计算机系统、车站售检票设备、各种车票和传输系统等组成,并宜设置培训及模拟测试中心系统和维修中心系统。

19.2.2 清分系统应由服务器、车票编码分拣设备、网络设备、操作员工作站、不间断电源(UPS)和打印机等构成。

19.2.3 中央计算机系统应由服务器、车票编码分拣设备、网络设备、操作员工作站、不间断电源（UPS）和打印机等构成。

19.2.4 车站计算机系统由车站服务器、网络设备、操作员工作站、紧急按钮、不间断电源和打印机等组成。

19.2.5 车站自动售检票系统设备宜由半自动售票机、自动售票机、自动充值机、自动（进出站）检票机、验票机等组成。

19.2.6 车票一般采用非接触式集成电路卡车票或磁性车票。

19.3 自动售检票系统的功能

19.3.1 清分系统应具备以下主要功能：

  1 设置和下发运行参数、票价表、黑名单及车票调配信息。

  2 对运营模式进行管理。

  3 向城市公共交通卡或景区清算系统上传"一卡通"车票的原始数据、接收和处理各线路系统下发的黑名单、对账等数据。

  4 具备客流统计、收益清分、对系统设备状态进行监视等功能。

5 管理系统时钟和密钥。

6 车票编码分拣设备对系统发行的车票进行初始化、编码、分拣、赋值、校验及注销等。

7 灾备系统具备系统级或数据级的异地备份功能。

19.3.2 中央计算机系统应具备下列主要功能：

1 接受车站计算机系统上传来的车站售检票设备的数据，包括设备状态数据、车票交易数据、设备维修数据等。

2 对系统参数进行统一设置、维护和管理，向车站计算机系统和车站售检票设备下载系统参数和运营模式。

3 对所采集数据按类型和用途进行批量处理和保存，以满足系统监控、运营管理及运营部门决策分析的需要。

4 对系统密钥和各用户权限进行统一管理，确保系统和数据安全。

5 具备与城市或景区"一卡通"清算系统或轨道交通清分系统进行清算对账的功能，并能实现接收城市或景区"一卡通"安全、车票等参数和数据的功能。

19.3.3 车站计算机系统应具备下列主要功能：

1 监视和控制车站售检票设备。

2 完成车站各种票务管理工作和自动处理当天的所有数据及文件，并能生成定期的统计报告。

3 与中央计算机及车站售检票设备进行网络数据通信和数据交换。

4 当中央计算机系统或通信出现故障时应能独立工作。

19.3.4 车票编码分拣设备应能对悬挂式单轨交通自动售检票系统的所有车票进行初始编码和分拣。

19.3.5 进出站自动检票机应具备下列主要功能：

1 检验车票的有效性，控制阻挡装置的动作，引导乘客进出站。

2 控制设备置于正常运行、故障停用、测试、检修、停止服务以及特殊的运行模式。

3 接受车站计算机系统的数据和控制指令，向车站计算机系统发送设备状况和业务数据。

4 车站处于灾害紧急状态和设备失电时，自动检票机应能自动或手动控制，使其处于开放状态。

5 当与车站计算机的数据传输信道中断时，应能独立运行，并保存信息。中断恢复后，能自动将保存的信息发送到车站计算机。

19.3.6 半自动售票机和自动售票机应具备下列主要功能：

1 半自动售票机应具有权限登录功能，通过人工收费和操作设备出售车票，以及为乘客办理退票、补票、验票和更换车票等手续。

2 自动售票机应根据乘客所选到站地点或票价自动进行计费、收费、发售车票，并应预留轨道交通线网线路增加时的相关接口和条件。

3 接受车站计算机系统的数据和指令，向车站计算机系统发送设备状态和业务数据。

4 当与车站计算机的数据传输信道中断时，应能独立运行，并保存信息。中断恢复后，能自动将保存的信息发送到车站计算机。

19.3.7 自动充值机应能根据乘客所选定的充值金额，为乘客的储值票进行充值。

19.4 自动售检票系统与相关系统的接口

19.4.1 自动售检票中央计算机系统宜通过悬挂式单轨交通专用通信传输通道进行数据通信。

19.4.2 控制中心、各车站自动售检票系统的电源供电负荷等级为一级。

19.4.3 自动售检票系统应能接收火灾自动报警系统指令并完成相应动作。

19.4.4 自动售检票系统设计时，应提供车站和相关建筑预埋管线、箱、盒等的安装和敷设要求。

19.4.5 自动售检票系统设计应考虑或预留与城市或景区"一卡通"和城市轨道交通清分中心的接口条件。

20 环境与设备监控系统

20.1 一般规定

20.1.1 悬挂式单轨交通环境与设备监控系统（BAS）的设计，应针对悬挂式单轨交通的特点和气候环境、经济情况，设置不同规模、水平的 BAS，宜营造舒适的换乘环境、降低能源消耗、节省人力和提高管理水平。

20.1.2 BAS 应遵循集中监控管理、分散检测控制、资源共享的基本原则。

20.1.3 BAS 应满足列车运营管理的需要。

20.1.4 通风空调、低压配电、导向指示、给排水及消防、电梯、自动扶梯等专业和 BAS 的设计，应统一设计标准，使各系统设计接口关系协调。

20.1.5 高架车站通风、空调设备宜简化配置，其他机电设备如车站照明、自动扶梯及电梯、给排水泵等设备宜由 BAS 集中监控。

20.1.6 BAS 应按全线车站及区间或换乘站同一时间只发生一次火灾的原则设定救灾模式。

20.1.7 BAS 设计除执行本章规定外，尚应符合国家现行有关标准的规定。

20.2 系统设计原则

20.2.1 BAS 宜采用分布式计算机系统，由中央管理级、车站监控级、现场控制级及相关传输网络组成。

20.2.2 火灾自动报警系统（FAS）与 BAS 独立设置时，系统之间应设置高可靠性的通信接口，防排烟系统与正常的通风系统合用的设备由 BAS 统一监控管理，火灾工况由 FAS 发布火灾模式指令，BAS 优先执行相应的控制程序。

20.2.3 FAS、BAS 综合集成时，集成平台宜为车站级及以上平台。BAS 主要通过工业级控制器对现场相关机电设备进行监控，车站级、中央级的功能由集成系统实现。

20.2.4 BAS 中央监控对象应包括下列系统：
1 通风与空调；
2 给排水与消防；
3 照明系统；
4 电梯；
5 门禁系统。

20.2.5 BAS 车站监控对象应包括下列系统：
1 通风与空调；
2 车站环境；
3 给排水与消防；
4 照明系统与乘客导向系统；
5 自动扶梯与电梯；
6 站台门；
7 门禁系统等。

20.3 系统运营组织模式及基本监控功能

20.3.1 全线 BAS 应采用分层、分布式系统结构，系统的组成及运行管理流程应满足：中央级—车站级—现场级—受控设备。

20.3.2 BAS 按照线路的运行模式一般应分为正常运行模式、阻塞运营模式、故障运营模式、灾害运行模式。

20.3.3 BAS 监控内容应该满足运营实际需要，监控内容配置应符合现行国家标准《智能建筑设计标准》GB 50314、《地铁设计规范》GB 50157 等有关规定。

20.4 硬件设备配置

20.4.1 BAS 设备应选择具备可靠性、可用性、可维护性的工业级控制产品；隧道区间事故通风系统及防排烟系统的监控宜采用冗余措施。

20.4.2 中央级硬件按下列要求配置：

1 宜配置两台操作工作站，并列运行或采用冗余热备技术。

2 可配置一台维护工作站，监视全线 BAS 运行情况。

3 可配置一台实时数据库服务器，一台历史数据库服务器，且两台服务器可互为冗余。

4 至少配置一台事件打印机及一台报表打印机。

5 宜配置在线式不间断电源，后备时间应不小于 1 h。

6 可配置模拟屏或大屏幕投影系统，其设计应与相关系统协调统一。

7 应与通信母钟时间同步。

8 当 BAS 被其他系统集成时，中央级硬件设备可由集成系统设置。

20.4.3 车站级硬件应按下列要求配置：

1 配置工控机作为车站级操作工作站。

2 宜配置在线式不间断电源，后备时间不应小于 1 h。

3 配置一台打印机，兼作事件和报表打印机。

4 配置车站手动应急控制盘（IBP 盘），作为 BAS 火灾工况自动控制的后备措施，其操作权限高于车站和中央工作站，盘面应以火灾工况操作为主，操作程序应力求简便、直接。

5 当 BAS 被其他系统集成时，车站级硬件设备可由集成系统设置。

20.4.4 现场设备、硬件应按下列要求配置：

1 BAS 现场监控设备应选用具有工业级标准的可编程逻辑控制器。

2 控制器宜采用可扩展性、易维修的模块化结构，并具有远程编程功能。

3 输入输出模块可具备带电插拔功能及必要的隔离措施。

4 现场传感器的输出应选用标准电信号。

5 系统应具有抑制变频器谐波及防噪声干扰的措施。

20.5 软件基本要求

20.5.1 软件系统应与硬件系统配置相适应，应在成熟、可靠、开放的监控系统软件平台的基础上，按照悬挂式单轨交通功能需求开发应用软件。

20.5.2 软件系统应采用模块化结构，应具有良好的开放性和扩展性。

20.5.3 软件系统应具有良好的组态功能，应能根据悬挂式单轨交通的运营模式需要，可集成相关系统的监控工作站软件功能。

20.5.4 软件系统应采用冗余、容错、自恢复等技术。

20.5.5 软件体系应具备完整的系统维护和诊断功能，以及良好的人机界面。

20.6 系统网络结构与功能

20.6.1 网络结构应符合下列规定：

1 全线 BAS 系统网络应该包括中央级监控局域网、车站级监控局域网、现场总线控制网络以及连接中央级与车站级、车站级与现场级的传输网络。

2 中央级监控局域网、车站级监控局域网以及现场总线控制网络宜冗余设置。

3 中央级与车站级之间的冗余传输网络应由通信系统提供或纳入其他集成系统。

4 车站级监控局域网与现场总线控制网络应该通过车站主控制器连接。

20.6.2 中央级网络应具备下列功能：

1 中央级监控网络通过通信冗余传输网与车站级监控网络相连。任何一个车站工作站和中央工作站的故障或退出均不应造成网络通信中断。

2 通信传输网为 BAS 数据传输提供的通信速率不低于 2 Mb/s。

20.6.3 车站级网络应具有下列功能：

1 车站级局域网主要负责连接车站数据服务器、监控工作站、主控制器以及其他通信设备及外围设备。必须保证数据传输实时可靠,并应具备良好的开放性和采用标准通信协议。

  2 车站级局域网应该具备良好的抗电磁干扰能力。

20.6.4 现场级总线控制网络应具备下列功能:

  1 现场总线控制网络应该将车站主控制器与从控制器、远程 I/O 模块、智能仪表等设备联系起来。

  2 现场总线能实现系统的分散控制。

  3 现场总线控制网络传输协议也应符合国际标准或得到国际标准协会的认证。

  4 适应悬挂式单轨交通现场环境及具有抗电磁干扰能力。

20.6.5 系统网络的技术指标应满足下列要求:

  1 各级监控网络冗余热备设备的切换时间不应大于 2 s。

  2 画面刷新时间不应大于 2 s。

  3 系统单台设备的平均无故障时间应大于 10000 h。

  4 系统单台设备平均修复时间不应大于 0.5 h。

20.7 系统布线及接地

20.7.1 BAS 管线布置应该具有安全可靠性、开放性、灵活性、可扩展性及实用性。

20.7.2 BAS 布线应考虑周围环境电磁干扰的影响。

20.7.3 BAS 的信号线与电源线不应共用一条电缆,也不应敷设在同一根金属套管内。

20.7.4 采用屏蔽布线系统时,应保持系统中屏蔽层的连续性,以满足系统接地的可靠性。

20.7.5 BAS 的电缆屏蔽层宜采用一点接地。
20.7.6 所有 BAS 现场机柜均应接地。
20.7.7 BAS 的控制器和计算机设备宜根据相应产品或系统的要求,设置功能性接地和保护性接地。
20.7.8 接地电阻不应大于 1 Ω。

21 风力监测系统

21.1 一般规定

21.1.1 悬挂式单轨交通应配置风力监测系统，风力监测装置应设置在出站口和沿线的风力特征点处。

21.1.2 风力监测系统应实时检测风力数据，并传输数据给信号、综合运维管理等系统。

21.1.3 风力监测系统应满足中华人民共和国气象行业标准要求和悬挂式单轨交通的运行环境要求。

21.2 风力监测系统功能

21.2.1 风力监测系统的传感器应测量风速和风向，保证实时传出平均风速和风向信号。

21.2.2 风力监测系统应满足测量精度和分辨率、数据处理、数据输出及显示报警等功能要求。

21.3 风力监测系统供电与防护

21.3.1 风力监测系统供电负荷等级应为一级负荷。

21.3.2 风力监测系统的供电电源电压波动超过用电设备正常工作范围时，应采取稳压和滤波等措施。

21.3.3 风力监测系统的供电应配置不间断电源（UPS）设备和免维护电池设备，其供电时间应不小于 30 min。

21.3.4 风力监测系统的防护应符合下列规定：

1 风力监测系统的 IP 防护等级至少应为 IP66。

2 风力监测系统的设备应具有雷电防护措施。

21.4 其 他

21.4.1 风力监测系统的安装位置应代表悬挂式单轨交通测量区域的一般性，应满足下列要求：

1 风力监测传感器周围（半径 5 m 内）不能有遮挡，或者遮挡物不影响被测区域的风速风向。

2 风力监测系统主机的安装位置应无强电磁场影响。

3 安装位置应避开容易遭受直接雷击的位置。

4 风力监测系统线缆与高压线缆的距离应保持一定的安全距离。

5 风力监测系统主机安装要充分考虑安全防盗和日常维护的便利性。

6 风力监测系统主机安装位置应考虑通信接入点。

7 风力监测系统传感器及主机安装位置对悬挂式单轨交通运营不造成影响。

21.4.2 风力监测系统的线缆采用防腐、抗拉铠装带屏蔽线缆。

22 综合运维管理系统

22.1 一般规定

22.1.1 悬挂式单轨交通宜设置综合运维管理系统，作为线路的自动化监控和数字信息共享平台。综合运维管理系统针对悬挂式单轨交通的特点对轨道交通机电系统进行集成，提高系统的整体管理水平及运输效率，方便操作人员对运营过程实施全方位集中监控，提高中心级的事件处理能力。

22.1.2 综合运维管理系统应该遵循以运营调度和维护管理为中心的基本原则。

22.1.3 综合运维管理系统应实现行车调度、电力调度、机电设备监控、系统维修和管理功能，宜实现规模监控、乘客服务、能耗管理功能。

22.1.4 综合运维管理系统应采用集成和互联方式构建，宜采用基于云平台技术的信息系统。

22.1.5 综合运维管理系统将互联系统接入时宜采用通信服务器并经防火墙隔离。

22.1.6 综合运维管理系统的设计应符合下列规定：

1 应满足集中监控和管理、分层分布式控制、资源共享的要求。

2 应对机电系统网络、通信和数据进行总体规划设计。

3 应满足安全性、可靠性、可维护性、可扩展性的要求，并应满足分期实施、线路延伸及用户业务不断发展的需求。

22.1.7 综合运维管理系统应实现正常、阻塞、故障、火灾、公共灾害和维护等运行工况控制模式的要求。

22.1.8 综合运维管理系统的维护管理子系统宜实现报警管理、维修调度、工单管理、设备管理等功能。

22.1.9 综合运维管理系统及其集成子系统应采用统一的软件平台、统一的人机界面、统一的命名和编码规则，并应建立统一的系统接口标准。

22.1.10 综合运维管理系统供电负荷等级宜为一级负荷。综合运维管理系统电源宜由通信专业提供。

22.2 系统功能

22.2.1 综合运维管理系统符合下列基本要求：

1 应对全线监控对象的状态、参数数据进行实时收集及处理。

2 应通过自动或人工方式向全线被监控对象或系统发送控制命令。

3 应提供统一的、多层次的监控显示及操作。

4 应提供全系统的网络状态图。网络状态图应显示系统主要设备的运行状态和网络通断状态。

5 应提供全线各区域、各系统之间的联动功能。

6 宜设有与上级调度指挥系统的接口。

22.2.2 综合运维管理系统应具有下列主要功能：

1 应实现行车调度自动化功能。

2 应提供动态显示的供电系统图、变电所主接线图、接触网供电分段示意图、顺控等用户画面，以及变电所盘面图。

3 宜能监视全线各车站的通风与空调系统、给排水系统、电梯、自动扶梯、动力照明系统等设备的运行状态。

4 宜管理全线的火灾报警,并应显示具体报警部位。

5 宜具备乘客信息和乘客广播系统的信息编辑和发布管理功能。

6 宜实现视频监控系统的操控功能,如对视频监控图像进行切换、保存、回放、云台调节等控制操作。

7 宜监视不间断电源的工作状态、各种电量参数、报警信息及电池状态等。

8 应能够从通信时钟系统获取标准时间同步信号。

9 应接收风力监测系统的状态和报警信息。

22.2.3 维护管理子系统功能要求:

1 实时监测和数据采集,对各机电系统的设备工作状态、系统运行状态、报警状态、IO状态、与其他子系统通信状态以及各子系统的应用信息数据进行在线监测和采集,并以集中报警、工作状态图、连接图、IO状态图、机柜板卡图等方式进行图形化展示。

2 数据存储和使用,系统应建立数据中心,存储所采集的各子系统数据,进行结构化存储,并支持实时、非实时的查询、调用和分析。基于系统存储的大量数据,通过数据建模和数据挖掘算法结合具体业务逻辑进行数据分析,主要针对设备主要运行参数,分析出设备的性能状态。通过图形化、预警或故障报警的方式通知显示,达到提前预测设备运行情况的目的。

3 工单和设备库存管理,根据来自各子系统的故障报警信息、基于大数据分析产生的预警信息和设备的周期性维护维修信息，提出对信号设备的维护管理计划，并由这些计划触发实际工单。工单可以根据预先制定的维护策略，自动发送给相关的维护人员，由维护人员根据实际的维护需求，触发实际的备品备件需求。维护管理系统提供备品备件管理功能，给出具体的备品备件的库存数量、库存位置，并能根据库存的数据，触发采购需求。工单由具体的维护人员完成维护工作之后，填写维修记录，由维护管理子系统中央服务器记录维护的具体步骤、措施，存入知识库，用于以后指导维护人员的维护。

22.2.4 基于云平台技术的信息系统应满足下列基本要求：

1 轨道交通信息技术系统的IT架构宜采用云计算平台架构，遵循物理部署分散、逻辑管理集中的原则为各系统提供相应等级的服务，按安全生产网、内部服务网、外部服务网及各业务系统需求分配资源池。

2 云计算平台的基础设施应支持多种虚拟化技术，应能兼容主流厂商的多种异构设备，应根据业务场景需要，选择通用的、绿色节能的设备，应根据各业务系统对云计算平台的需求，选择不同性能的服务器、存储和网络设备。

3 基础设施即服务IaaS（Infrastructure as a Service）管理应对计算、存储、网络等多种资源池进行统一调度和管理，对不同厂商的硬件设备、不同虚拟化技术的平台进行管理，对主、备数据中心的资源进行统一的调度和管理，并支持虚拟化及裸机管理。

4 各系统应向数据平台提供共享数据，通过数据平台进行数据交换，数据平台应根据整体的数据使用规范向各系统提供各系统所需数据，并应对数据使用过程进行详细记录。

5 数据平台应采用开放性的系统架构设计，应充分考虑本系统与其他系统间对接，便于接入多种已有的业务平台、业务数据和第三方平台。

6 数据中心内的计算资源池、网络资源池、存储资源池以及云管理平台等模块应采用冗余部署。

7 云计算平台应配置专业的运维信息系统。

22.3 系统组成

22.3.1 综合运维管理系统功能主要由中心系统完成。

22.3.2 车站、车辆基地和主变电所应设置接入设备，可根据需要设置站级工作站。

22.3.3 当综合运维管理系统的单个组成设备故障时，不得导致总体功能失效，不得导致消防或安全相关功能失效。列车自动监督功能应具备后备手段，确保行车调度功能有效。

22.3.4 综合运维管理系统监控的现场设备宜采用以太网总线接入 IOMS 车站网络或接入设备。

22.3.5 综合运维管理系统组成可采用云计算技术简化系统构成和配置、增强系统性能、节省资源。

22.3.6 在综合运维管理系统中应建立网络管理系统、设备维护管理系统、培训系统等功能系统。

22.4 软件要求

22.4.1 平台软件应符合下列规定：

1 应采用跨平台的软件系统，并应为其他应用软件提供二次开发接口。

2 应具备实时处理能力，符合系统性能要求规定。

3 应在服务器上实现大容量数据的集中处理和统一管理，并应实现数据的完整性与一致性。

4 应能支持综合监控项目分期实施、专项分包、分专业维护，应能支持符合特定专业需求的应用扩展。

22.4.2 应用软件应符合下列规定：

1 应全面支持系统功能的实现和扩展。

2 应提供方便的监视、管理和维护工具。

3 人机界面设计应符合人机工程学原理。

22.5 接口要求

22.5.1 综合运维管理系统应提供各种系统的信息接入机制，应以标准的、可扩展的方式通过接口进行访问。

22.5.2 综合运维管理系统应通过内部接口将被集成子系统无缝接入。通过内部接口所传输的信息应在接口双方具有一致的表达形式。

22.5.3 综合运维管理系统应通过外部接口实现与互联系统的信息互联互通。

22.5.4 接口应具有故障诊断能力，关键环节应具有故障自修复能力，并应保证接口功能正常。

22.5.5 综合运维管理系统集成子系统的设计应分界到现场设备的接口端子。

23 运营控制中心

23.1 一般规定

23.1.1 为确保悬挂式单轨交通列车安全、可靠和高效地运行,应对悬挂式单轨交通运营过程实施全面的集中监控和管理,建立运营控制中心。

23.1.2 控制中心应具有对全线的列车运行、电力供给、环境状况及车站设备、票务运行等全过程进行集中监控、统一调度指挥和管理的功能。

23.1.3 控制中心应设置信号、火(防)灾自动报警、环境与设备监控、电力监控、自动售检票和通信等系统中央级设备,也可根据需要配备其他与悬挂式单轨交通运营、管理和安全有关的系统和设备。

23.1.4 控制中心应满足运营的要求。控制中心可分为单条悬挂式单轨交通线路的控制中心、多条悬挂式单轨交通线路的控制中心、与其他形式的轨道交通线路合建的控制中心。

23.1.5 控制中心的总体布置应考虑安全可靠,操作、维修及管理方便,运营成本低廉等因素,并应根据运营管理模式、控制线路的数量及其最终的线路长度、系统配置、设备类型及设备数量等要求,经济合理地确定控制中心的规模及装修标准,同时应适当预留未来发展的余地。

23.1.6 控制中心的位置宜选择在靠近城市道路干线、悬挂式单轨交通车站或车辆基地附近、接近监控管理对象的中心地带，以方便悬挂式单轨交通运营管理及各系统的连接。当与其他轨道交通线路合建时，宜选择在能兼顾多条线路的地方。

23.2 功能分区与总体布置

23.2.1 控制中心按功能可划分为运营操作区、设备区、运营管理区、维修区及辅助设备区。各功能区的设置应与运营管理体制和运行模式相适应。

23.2.2 运营操作区应靠近设备区和运营管理区，设备区和维修区宜相邻设置。

23.2.3 中央控制室和设备区不宜设在建筑物的顶楼和地下楼层。

23.2.4 运营操作区设中央控制室，并应作为独立的安全分隔区，进入中央控制室前应设缓冲区，并宜配置保安设施。中央控制室各系统设备的布置及设计应满足下列要求：

1 室内只设置与运营有关的系统和设备，与运营、管理和安全无关的系统和设备不宜进入，不得安装大功率的电器设备及其他动力设备。

2 室内设备布置应整齐、紧凑，便于观察、操作和维修，并便于调度人员行动和疏散。调度台的布置不能遮挡住正常观察模拟屏的视线。

3 室内总体布置应以行车指挥为核心进行各调度台和模拟显示屏的布置，应便于行车调度、电力调度、环控调度、防灾调度、维修调度和总调度之间的信息沟通。

4 中央控制室应具备紧急事件指挥中心的功能，宜在中央控制室设置运营决策和应急处理工作区域或在中央控制室邻近设置应急事件指挥室。

5 各系统模拟屏宜统一考虑，调度台和模拟屏宜呈弧形布置，模拟屏的屏前和屏后、调度台的台前和台后应留有足够的操作和维护作业空间，并预留近期和远期发展位置。

6 当中央控制室的规模按多条线路设计时，可按线路进行划分，将每条线的行车调度、电力调度和环控调度台等集中布置。

7 当按扇形方式分层展开布置设备时，在扇形的中间位置，向上展开的角度按 15°考虑，向左右展开的角度按 120°考虑。

23.2.5 设备区各系统设备用房的布置及设备房室内设备的布置及设计应满足下列要求：

1 设备区设备房的布置，根据运营管理模式，可按系统划分或按线路划分，采用封闭式布置或通透开放式布置。

2 设备区各系统设备房的布置楼层宜以方便运营管理、体现安全性和重要性为原则。

3 设备区设备房的室内布置应力求整齐、紧凑，便于观察、操作和维修。

4 设备布置应使设备之间的联线短，外部管线进出方便。

5 大功率的强电设备不得与弱电设备混合安装和布置。各电气系统设备用房不得有水管穿过，风管穿过时应安装防火阀。

23.2.6 运营管理区宜根据运营管理的需要配置相应的运营管理用房，设置必要的办公、管理和生活设施。

23.2.7 维修区宜设置系统维修、测试、备品备件、工器具等用房，以及系统维修机构办公、值班室等。维修区上述用房各系统可共用或分设。

23.2.8 辅助设备区各系统设备用房的布置及设计应满足下列要求：

1 辅助设备区宜设置供电和低压配电、通风和空调、水消防和自动灭火、给排水等系统的设施和用房。

2 供电和低压配电、空调、水消防及给排水等辅助设施宜设置在地下层；通风系统和自动灭火系统等宜设置在各层距用户较近的场所。

23.3 建筑与装修

23.3.1 控制中心的建筑布局应体现现代交通管理技术工艺要求，建筑装修立面的处理宜与所处周围环境相融合，同时应符合下列规定：

1 控制中心的建筑应满足工艺设计要求，并力求实用、经济、绿色、美观。

2 控制中心建筑分类为多（高）层一类公共建筑，耐火等级为一级，屋面防水为二级。

3 中央控制室室内的净高应结合房间面积大小及视线的要求进行设计，不宜低于4 m；其他设备用房净高不应小于3 m。

4 中央控制室内各调度台之间应设有通道，当距门最远的调度台通道距离超过10 m时，应设两个出入口与外部相连，至少有一个门的宽度为1.2 m、高度为2.3 m，并应符合国家现行消防规范的有关规定。

5 控制中心与其他建筑合建时，应具有独立性、安全性和可靠性，同时应设置独立的进出口通道，并满足紧急情况下的疏散要求。

23.3.2 控制中心的建筑装修在满足设备工艺要求的同时应符合下列规定：

  1 建筑装饰装修工程所用材料应符合国家有关建筑装饰装修材料有害物质限量标准的规定。

  2 建筑装饰装修工程所使用的材料应按设计要求进行防火、防腐和防虫处理，并应符合现行国家标准《建筑内部装修设计防火规范》GB 50222 的有关规定。

  3 中央控制室宜设吊顶，以满足敷设通风管道和管线的要求，吊顶宜采用轻质、耐火材料。

  4 地面应装设防静电活动地板，并应考虑各调度台的系统管线接口及电源插座，设备不应直接安装在活动地板上。

23.3.3 控制中心结构设计除应满足国家现行规范外，对特殊设备荷载应根据要求单独计算确定，并应考虑设备运输、安装时的最不利情况。结构安全等级应按一级设计。

23.3.4 控制中心应满足建筑节能标准的要求。

23.4 布　线

23.4.1 电缆通道、电缆间宜靠近相关的设备用房，且强、弱电系统应分别设置。

23.4.2 电缆的选择和管线的敷设除应满足各自系统的要求外，还应符合消防和电气等现行规范的规定，管线敷设应尽量做到线路短、交叉少。

23.4.3 竖向布线宜采用电缆井或电缆柜的敷线方式。

23.4.4 水平布线宜采用电缆夹层敷线方式（电缆楼层夹层、吊顶夹层、活动地板夹层），并应根据夹层的具体情况，分层分区设置电缆桥架或汇线槽，将动力电缆和弱电电缆分开敷设。

23.4.5 中央控制室和设备房内不宜外露电线、电缆和管线；无关管线不宜穿过中央控制室和设备房。

23.4.6 控制中心楼层间、房间之间的各种管线孔洞设计应便于严密封堵。

23.5 照明与应急照明

23.5.1 控制中心应设置一般照明与应急照明，照明的控制宜采用集中控制方式。照明灯具宜选择节能型、散射效果好、使用寿命长及维修更换方便的灯具。灯具布置宜与建筑装修和设备布置相协调。

23.5.2 中央控制室、设备房、维修用房、办公管理用房及其他各部位的照明设计应满足现行国家标准《城市轨道交通照明》GB/T 16275 的要求。

23.5.3 控制中心应急照明的照度不应低于正常照明的10%，中央控制室的应急工作照明不应低于正常照明的30%，应急照明的持续供电时间不应低于 1 h。

23.6 通风、空调

23.6.1 运营控制中心的房屋应采用通风和空调系统进行室内环境控制。

23.6.2 通风和空调系统应具有如下功能：

1 保证设备用房内设备正常运行所需的空气质量环境。

2 保证管理用房内人员健康所需的空气质量环境。

3 能有效排除附属用房的有害气体。

4 火灾时能提供有效的防排烟措施。

23.6.3 通风和空调系统应预留远期运营控制中心扩容时的能力，并考虑分期实施。

23.6.4 当与物业合建时，运营控制中心的通风和空调系统的冷热源和管路系统应独立设置。

23.6.5 运营控制中心围护结构的热工设计应满足建筑节能标准。

23.6.6 使用时间、温度、湿度等要求条件不同的空气调节区，不应划分在同一个空气调节通风系统中。

23.6.7 通风、空调设计应符合下列规定：

1 空调的设置应根据设备长期正常运转的需要及气候条件确定。

2 设备用房应根据工艺要求设置通风、空调与采暖系统，设计温度按工艺要求确定。管理用房设计温度应符合现行国家标准《民用建筑供暖通风与空气调节设计规范》GB 50736 的有关规定。

3 在满足生产要求的条件下，应尽量缩小使用空调房间的容积。条件许可时，宜采用局部性的空气调节。

4 机房内维护人员的人体散热量及散湿量按轻作业计算。

5 空调设备的数量应按保证室内温度和相对湿度全年内都满足设备运行要求计算确定，设备房间空调设备数量宜为偶数台。

6 设有固定式气体自动灭火系统的设备用房且无外窗或无可开启的外窗时，应设机械事故通风系统，且通风设备的电源开关应设在设备用房的外面。

7 当自然排烟不能满足要求时，应设置机械排烟措施。

8 防排烟设计标准按照现行国家标准《建筑设计防火规范》GB 50016、《建筑防烟排烟系统技术标准》GB 51251执行。

23.7 供电、防雷与接地

23.7.1 控制中心宜单独设置降压变电所，降压变电所应设两台动力照明变压器，分别引入两路相对独立的电源供电，满足控制中心一、二、三级负荷的需要，当一台变压器退出运行时，另一台变压器至少可满足全部一、二级负荷的需要。

23.7.2 需要不间断电源供电的系统设备，宜根据各系统设备的供电要求集中设置。

23.7.3 控制中心防雷接地应符合现行国家标准《建筑物防雷设计规范》GB 50057 的有关规定。

23.7.4 控制中心宜设置综合接地装置，接地电阻应不大于 1Ω。通信、信号、防灾报警、环境与设备监控等弱电系统设备接地应从综合接地装置上单独接引，并应与强电系统接地装置分开设置。

23.8 消防与安全

23.8.1 控制中心应设置火（防）灾自动报警装置、环境与设备监控、火灾事故广播、自动灭火、水消防、防排烟等消防系统；宜根据需要设置自动水喷淋灭火系统；重要的电器设备房宜使用自动灭火系统，不得使用自动水喷淋灭火系统；防排烟自动联动宜由环境与设备监控系统实现。

23.8.2 控制中心应设置消防控制室，将火（防）灾自动报警系统、环境与设备监控系统及火灾事故广播系统等的操作台或工作站设置在消防控制室，24 h 值班，对大楼消防安全进行监控管理。消防控制室宜设置在控制中心首层主要出入口，并设置专用的消防电话与中央控制室联系。

23.8.3 控制中心作为轨道交通的重要场所，宜根据需要设置闭路电视监视系统和安保门禁系统等保安系统：对各分区出入口、房间和主要通道进行监视和自动录像；宜设置不同形式的自动门，通过身份钥匙或密码开启；重要房间宜设置报警检测装置，以防非法闯入。

23.8.4 控制中心宜根据需要设置保安值班室。将闭路电视监视系统和安保门禁系统等的操作台或工作站设置在保安值班室，24 h 值班，对大楼安全进行监控管理。保安值班室宜与消防控制室合并设置。

24 车辆基地

24.1 一般规定

24.1.1 车辆基地主要应包括车辆段（停车场）、综合维修中心、物资总库、培训中心和其他生产、生活、办公等配套设施。

24.1.2 车辆基地的功能、布局和各项设施的配置，应根据运营需要、轨道交通线网车辆基地的规划布置和既有车辆基地的功能及分布情况，实现线网车辆基地的资源共享。

24.1.3 车辆基地的设计应初、近、远期结合，分期实施。用地范围应在站场股道和房屋规划布置的基础上按远期规模确定。

24.1.4 车辆基地的选址应符合下列要求：
  1 用地应与城市总体规划协调一致。
  2 应有良好的接轨条件。
  3 用地面积应满足功能和布置的要求，并应具有远期发展余地。
  4 应具有良好的自然排水条件。
  5 应便于城市电力、给排水及各种管线的引入和城市道路的连接。
  6 宜避开工程地质和水文地质不良的地段。

24.1.5 车辆基地的设计应贯彻节约用地、节约能源和资源的方针。

24.1.6 车辆基地的设计，应有完善的消防设施。总平面布置、房屋设计和材料、设备的选用等应符合现行国家标准《建筑设计防火规范》GB 50016 的有关规定。

24.1.7 车辆基地设计应对所产生的废气、废液、废渣和噪声等进行综合治理，并符合国家现行有关标准的规定。

环境保护设施应与主体工程同时设计、同时施工、同时投产。

24.1.8 车辆基地设计涉及既有河道、水利设施、既有道路、规划道路及重要管线迁改时，应取得水利、水务及市政相关部门的认可，相关迁改设施应与本工程同时施工。

24.1.9 车辆基地应具有外来物资、设备及新车进入的运输条件。车辆基地内应具有运输、消防道路，并应有不少于两个与外界道路相连通的出入口。运输道路、消防道路与线路设有平交道时，应在道口前安装安全警示标识及限高、限载标识牌。

24.1.10 车辆基地需进行物业开发时，应明确开发内容、性质和规模。总平面布置应在保证车辆基地功能和规模的基础上，对车辆基地的各项设备、设施与物业开发的内容进行统一规划，并应结合车辆基地内外道路的合理衔接及相关市政配套设施的规划，进行技术经济比较和效益分析。

24.2 车辆段与停车场的功能、规模及总平面布置

24.2.1 车辆基地应根据其在线网中的地位和集中检修的原则，合理确定检修范围及功能。独立设置的停车场应隶属于相关车辆基地，根据需要可增加日常维修功能。

24.2.2 根据承担的功能、任务范围不同，车辆基地应划分为车辆段和停车场。若悬挂式单轨交通线网规划线路数量较少，或悬挂式单轨交通工程规模较小，车辆检修可采用社会化合作维修方式，减少建设投资。

24.2.3 车辆检修宜采用日常维修和定期检修相结合的预防检修制度，应根据当地社会相关资源的发展情况，采用委托社会加工、合作与专业化检修相结合的维修保养模式。

修程和检修周期应根据车辆技术条件、车辆的质量以及车辆制造商的建议制定。设计时可按表 24.2.3 的规定确定。

表 24.2.3 车辆检修修程和检修周期

修　程		日常维修和定期检修周期指标		检修时间
		里程（万千米）	时间间隔	
定期检修	全面检修	60	6 年	35 d
	重点检修	30	3 年	20 d
	换轮	10	1 年	10 d
日常维修	三月检	3	3 月	3 d
	列检	—	每天或两天	4 h

注：1 表中检修时间是按部件互换修确定的。
　　2 检修周期采用车辆走行里程、运行时间先到者。
　　3 车辆检修需送出本线以外时，检修时间应计入回送时间。

24.2.4 车辆段应按下列作业范围设计：
　　1 列车管理和编组工作；
　　2 列车停放、列检、三月检及清扫洗刷、定期消毒等日常维修保养工作；

 3 段内配属列车的乘务工作；

 4 车辆的定期检修及检修后的列车试验；

 5 车辆的临修；

 6 段内设备、机具的维修和工程车等的整备及维修。

24.2.5 停车场应按下列作业范围设计：

 1 列车管理工作；

 2 列车停放、列检、清扫洗刷、定期消毒等日常维修保养工作，必要时可包括三月检及临修工作；

 3 场内配属列车的乘务工作。

24.2.6 车辆段内设备的大修宜就近外委专业工厂承担。有条件时，车辆的大修也可委托车辆制造厂或修理厂承担。

24.2.7 车辆段与停车场出入线的设计，应符合下列规定：

 1 出入线应在车站接轨，并宜选在线路的终点站或折返站。

 2 出入线应按双线、双向运行设计，并应避免切割正线。

 3 出入线应根据行车和信号的要求，留有必要的信号转换作业长度。

 4 停车场出入线可根据通过能力需要设计为双线或单线。

24.2.8 车辆段、停车场的设计应满足功能和能力的要求，设计规模应根据车辆技术条件、配属列车编组和数量、检修周期和检修时间计算确定。

24.2.9 车辆段各修程工作量计算时，应计入检修不平衡系数。检修不平衡系数应符合下列规定：

 1 三月检取 1.2；

2 定期检修取 1.1。

24.2.10 车场线是车辆段、停车场内线路的统称,包括运用和检修库线、工程车库线、试车线、洗车线、吹扫线、换轮线、待修车和修竣车存放线、走行线及牵出线等,应根据作业需要设置。

车场线的配备和布置应满足功能需要、工艺要求,并应做到安全、方便、经济合理。

24.2.11 车辆基地总平面布置应以车辆段或停车场为主体,并应根据车辆运用、检修的作业要求和段(场)址的地形条件,维修中心、物资总库、培训中心和其他生产、生活、办公设施的布局,以及道路、管线、消防、环保、绿化等要求,结合当地气象条件,按有利生产、方便管理和生活的原则进行统筹安排、合理布置。

24.2.12 车辆段生产房屋应以运用及检修库为核心,各辅助生产房屋应根据生产性质按系统布置;与运用和检修作业关系密切的辅助生产房屋宜分别布置在相关车库的侧跨内或邻近地点;性质相同或相近的房屋宜合并设置。

24.2.13 车辆段空气压缩机间、变配电所和给水所等动力房屋,宜靠近相关的负荷中心布置。

24.2.14 产生噪声、冲击振动或易燃、易爆的车间宜单独设置;产生粉尘和有害气体的房间或设施宜布置在常年主导风向的下风侧,并宜远离生活、办公区;排出的有害气体、粉尘、废液应符合国家现行有关环境保护及卫生标准的规定。

24.2.15 车辆基地内出入线、试车线、洗车线和换轮线及车场线群外侧,应设通透的隔离栅栏。

24.2.16 车辆段的生产机构应根据运营管理模式确定，可设运用车间、检修车间和设备车间。

24.2.17 车辆段、停车场应根据生产和管理的需要，配备相应的辅助生产房屋和乘务员公寓、办公楼、食堂、浴室、职工更衣休息室及卫生设施，以及汽车停车场和自行车棚等配套设施。

乘务员公寓宜靠近运用库附近设置，与其他楼宇合设时，房屋应隔开，应设单独楼梯，并应作隔声处理。

24.2.18 车辆基地应设围蔽设施，其设计宜结合当地的环境要求，选用安全、实用、美观的材料和结构形式。

24.3 车辆运用整备设施

24.3.1 车辆段运用整备设施应根据生产需要配备停车列检库（棚）、三月检库和列车清洗洗刷及相应线路和必要的办公、生活房屋和设施。

24.3.2 三月检库宜与停车列检库（棚）合建组成运用库，也可单独设置或与定期检修厂房合建组成联合检修库。

24.3.3 运用库的规模应按近期需要确定，并应预留远期发展条件。其中三月检库远期扩建困难时，可按远期规模一次建成。

24.3.4 停车列检库设计总列位数应按本段（场）配属列车数扣除每天在修列数计算确定。

24.3.5 停车库（棚）应根据当地气象条件和运营要求设计。多雨地区宜设棚，寒冷地区或风沙地区宜设库，当露天停车对运营作业无影响时可按露天设计；停车股道按露天设计时，应设司机上下车的道路和遮雨设施。

24.3.6 停车场列检库各库线每线的列位数应符合下列规定：

1 库型为尽端式布置时，停车、列检线最多不宜大于三列位；

2 库型为贯通式时，停车、列检线最多不宜大于四列位。

24.3.7 当停车列检库（棚）线采用接触网供电时，每线列位之间和库前均应设置隔离开关或分段器，并应设置送电时的信号显示或音响设施。

24.3.8 停车列检库（棚）的线路宜设车辆检修作业平台，其两侧应设安全防护设施。作业平台面高度和结构尺寸应根据车辆结构和作业要求确定。

24.3.9 停车列检库（棚）的长度应分别按下列相应公式计算确定，并应结合厂房组合情况和建筑、结构设计要求作适当调整，但不宜小于下列公式计算值。

1 停车库（棚）计算长度，可按下列公式计算确定：

$$L_{tk}=(L+2)\times N_t+(N_t-1)\times 6+9+3 \quad (24.3.9\text{-}1)$$

式中　L_{tk}——停车库（棚）计算长度（m）;

　　　L——列车长度（m）

　　　N_t——每条线停车列位数；

　　　2——停车误差（m）；

　　　6——列位之间通道宽度（m）；

　　　9——停车库（棚）横向通道宽度（m）；

　　　3——列车至车挡安全距离（m）。

2 列检库（棚）计算长度，可按下列公式计算确定：

$$L_{tk}=(L+2)\times N_t+(N_t-1)\times 6+21 \quad (24.3.9\text{-}2)$$

式中 L_{tk}——列检库（棚）计算长度（m）；

　　　L——列车长度（m）；

　　　N_t——每条线停车列位数；

　　　2——停车误差（m）；

　　　6——列位之间通道宽度（m）；

　　　21——车库前后横向通道宽度 9 m 与列位两端检修平台附加长度 12 m 之和。

3 车库宽度应按铺设股道数量、股道间作业、运输通道等因素确定，并应符合表 24.3.13 的规定。

24.3.10 三月检库设置应符合下列规定：

1 当三月检库为贯通式时，可按照每股道 2 列位设置；当车库为尽端式时，宜按照每股道 1 列位设置。

2 三月检库宜设车辆检查作业平台，并应安装动力插座及安全防护设施。作业平台面高度和结构尺寸应根据车辆结构和作业要求确定。根据作业需要，可设置起重设备。平台与车辆之间的间隙应满足车辆限界要求。工作平台宜设置给排水设施。

3 应根据检修作业需要设置工业吸尘装置和静态调试电源设备。

4 三月检库的长度应按下列公式计算确定，并应结合厂房组合情况和建筑、结构设计要求作适当调整，但不宜小于下列公式计算值。

$$L_{yk}=(L+2)\times N_y+(N_y-1)\times 6+21 \quad (24.3.10\text{-}1)$$

式中 L_{yk}——三月检库计算长度（m）；

L ——列车长度（m）;

N_y ——每条线列位数;

2 ——停车误差（m）;

6 ——列位之间通道宽度（m）;

21 ——车库前后横向通道宽度 9 m 与列位两端检修平台附加长度 12 m 之和。

5 三月检库可单独设置或与停车列检库合建。

24.3.11 车辆段应设机械洗车设施，独立停车场根据运营实际需要可设置机械洗车设施。

机械洗车设施应包括洗车机、洗车线和生产房屋，其设计应符合下列规定：

1 洗车机宜采用通过式，其功能宜满足车辆两侧和端部（司机室）的洗刷要求，并应具有清水清洗和化学洗涤剂功能。

2 洗车线宜布置在入段线端运用库前或运用库侧按通过式设计。当地形受限制时，可结合段内布置按尽端式布置。

3 列车洗车作业时的速度宜为 3 km/h ~ 5 km/h。

4 严寒地区及风沙地区应设洗车库；其他地区可设洗车棚或按露天设计。

5 洗车库（棚）的长度、宽度和高度应根据洗车的作业要求确定。

6 洗车线在洗车库前后一辆车长度范围应为直线。

7 应根据洗车设备的要求配备辅助生产房屋。

8 洗车线有效长度应按下列公式计算确定：

1）尽端式洗车线有效长度：

$$L_{sj}=2L+L_s+10 \qquad (24.3.11\text{-}1)$$

式中　L_{sj}——尽端式洗车线有效长度（m）；
　　　$2L$——洗车机设备前后各一列车长度（m）；
　　　L_s——洗车机长度（包括连锁设备）（m）；
　　　10——线路终端安全距离 10 m。

　2）贯通式洗车线有效长度：

$$L_{st}=2L+L_s+12 \qquad (24.3.11\text{-}2)$$

式中　L_{st}——贯通式洗车线有效长度（m）；
　　　$2L$——洗车机设备前后各一列车长度（m）；
　　　L_s——洗车机长度（包括连锁设备）（m）；
　　　12——信号设备设置附加长度（m）。

9 当采用接触网供电时，洗车库两端应设接触网的隔离开关或分段器，并应设有送电时的信号显示或音响警示。

24.3.12 车辆段、停车场应根据车场线路布置和作业需要设牵出线，其数量应根据作业量确定。

牵出线的有效长度不应小于下列公式的计算值：

$$L_q=L_{qc}+L_n+10 \qquad (24.3.12)$$

式中　L_q——牵出线有效长度（m）；
　　　L_{qc}——通过牵出线列车总长度（m）；
　　　L_n——调车机车长度（m）；
　　　10——牵出线终端安全距离（m）。

24.3.13 车辆段、停车场各种车库有关部位的最小尺寸，应符合表 24.3.13 的规定。

表 24.3.13 各车库有关部位最小尺寸（m）

项目名称	停车棚	列检、三月检库	检修库	油漆库	工程车库
车体之间通道宽度（无柱）	1.4	3.0	5.0	2.5	2.0
车体与侧墙之间的通道宽度	1.4	3.0	4.0	2.5	1.7
车体与柱边通道宽度	1.2	2.2	3.2	2.2	1.5
库内前、后部通道净宽	4.0	4.0	5.0	3.0	3.0
车库大门净宽	$B+0.6$	$B+0.6$	$B+0.6$	$B+0.6$	$B+0.6$
车库大门净高	$H_1+H_2+0.4$	$H_1+H_2+0.4$	$H_1+H_2+0.4$	$H_1+H_2+0.4$	$H_1+H_2+0.4$

注：1　B—车辆限界的最大宽度；
　　2　H_1—车辆最下部距轨道梁走行面的高度；
　　3　H_2—轨道梁系统的高度。

24.3.14 车辆段、停车场为贯通式库型设计时，应设联络车场两端咽喉区的走行线。

24.3.15 车辆段、停车场应根据列车日常维修作业需要，配备车辆车载通信信号设备的检修维修、车辆内部清扫、工具存放、备品存放和工作人员更衣休息等生产、办公、生活房屋。生产、办公、生活房屋宜设于运用库的侧跨内或邻近地点。

24.3.16 车辆段、停车场内各房屋，应根据工艺要求设动力、照明、给排水及消防等设施。

24.3.17 车辆段、停车场内列车运转调度、检修调度和防灾调度宜合并设置。调度中心应设有站场信号和正线行车调度作业的显示装置。

24.3.18 车辆段、停车场内宜设乘务员公寓，其规模应根据早晚运行列车乘务员人数确定。

24.3.19 当列车无外部供电方式，且车载电池组一次充电不能满足全日运营需要时，宜在车辆段内单独设电池组拆换线，保证更换列车电池组的工作效率。

24.4 车辆检修设施

24.4.1 检修车间可根据其功能和检修工艺要求设置下列主要的生产厂房和房屋：

　　1 检修库、转向架间、电机间、电子电器间、车钩缓冲器间、受流器间、制动空压机间、空调间、蓄电池间等部件检修间及设备维修间及相应的辅助生产房屋；

　　2 换轮库；

　　3 根据需要独立设置油漆库。

24.4.2 检修库规模应根据检修工作量和检修时间计算确定。其设计应符合下列规定：

　　1 车辆检修宜采用定位作业，并宜以列位为计算单位，列位的长度可按列车解钩的作业设计。

　　2 检修库宽度应符合本标准表 24.3.13 的有关规定。

　　3 检修库长度应不小于下列公式的计算值。

$$L_{jk} = L + N_d \times 1 + 20 \quad (24.4.2)$$

式中　L_{jk}——检修库长度（m）；

　　　　L——列车长度（m）；

N_d ——列车编组数；

1 ——列车单元解钩后车钩检修作业所需距离（m）；

20 ——检修库设计附加长度(库前端5 m,库后端15 m)。

24.4.3 检修库应设电动桥式或梁式起重机和必要的搬运设备；起重机的起重量应满足工艺和检修作业的要求；起重机走行轨的高度应根据车辆分解起吊高度和起重机的结构尺寸计算确定。

24.4.4 各种车库的库前股道宜设有一段平直线路，其长度应保证车辆安全进出库门。

24.4.5 换轮库及其线路的设计应符合下列规定：

1 换轮线的有效长度应满足列车所有车辆的轮对换修工作的要求。

2 换轮库应结合车场工艺流程和厂房组合情况合理布置，可单独设置，也可与检修厂房合并设置。当换轮库与其他检修厂房合并设置时，宜以实体隔墙隔开。

3 换轮库应设专用起重设备、轮胎拆装设备和充气设备，换轮库的面积应满足设备安装和换轮作业的需要。

24.4.6 车辆段宜设置试车线。试车线的设计应符合下列规定：

1 试车线的有效长度应根据车辆性能和技术参数以及试车综合作业要求计算确定。试车线两端应设车挡。

2 试车线应为平直线路，困难时线路端部可根据该线段的试车速度设置适当的曲线。试车线的其他技术标准应与正线标准一致。

3 试车线应在适当位置设置试车设备房屋。

24.4.7 转向架间一般在检修库内设置，也可毗邻检修库设置。转向架间规模和检修台位应根据转向架检修任务量、作业方式和检修时间计算确定。转向架间应设有转向架及零部件的检修、清洗、试验和探伤设备，轮胎拆装设备，充气及存放设备。

24.4.8 电机间应邻近转向架间设置，间内应根据作业需要配备电机检测、清扫设备以及起重运输设备。

24.4.9 蓄电池间宜独立设置，蓄电池间的规模应满足跨座式单轨交通车辆蓄电池检修和充电需要，并宜兼顾调车机车、工程车和蓄电池搬运车的检修和充电。蓄电池间应设有电源室、蓄电池检修室、充电室、药品储存室和值班室。检修室和充电室应有良好的通风、排水和防腐措施；酸性蓄电池充电室应采用防爆电器。

24.4.10 车辆的油漆作业宜采用委托社会化的方式。

24.4.11 车辆段应设材料、备品间。当物资总库不设在基地内时，应设独立材料库，并配备必要的起重和运输设备。

24.5 车辆段设备维修和动力设施

24.5.1 车辆段设备维修与动力设施应包括设备维修间和相应管理部门，其工作范围应包括下列内容：
　　1 全段机电设备的管理和中、小修程的检修工作；
　　2 全段各种生产工具的维修和管理工作；
　　3 段内技术更新改造和小型非标准设备的制作任务。

24.5.2 车辆段生产设备应实行统一管理、集中检修。有条件时，设备的大修宜对外委托或与外部协作进行。

24.5.3 车辆段设备维修间应根据段内机电设备和动力设

施维护、检修的需要配备必要的金属切削与加工设备、电焊与气焊设备、电器检测设备、管道维修设备和起重运输设备等。车辆段设的通用设备宜合并设置。

24.5.4 空压机房间的空压机应选择低噪声、节能型产品，其压力和容量应根据用风设备的要求确定。

24.5.5 车辆段应根据工艺的要求和当地的具体情况设通风和空调设施。

24.6 综合维修中心

24.6.1 综合维修中心应满足全线轨道梁、道岔梁、涵洞、隧道、房屋建筑和道路等设施的维修、保养工作以及供电、通信、信号、机电设备和自动化设备的维修和检修工作的需要，同时应结合所在城市的具体情况，逐步实行社会化服务，最大限度地实现资源共享。

24.6.2 综合维修中心系统应包括线路维修中心系统和维修工区系统，主要由服务器、工作站、打印设备、维修工具和仪器仪表等构成。

24.6.3 轨道梁、道岔梁、房屋等设施和机电设备的大修宜外委专业队伍或工厂承担，逐步实现专业化维修工作社会化。

24.6.4 综合维修中心宜根据各专业的性质分设工务与建筑、供电、通信与信号、机电和自动化等车间。

24.6.5 综合维修中心应根据生产的需要配备生产房屋、仓库和必要的办公、生活房屋。房屋的布置应根据作业性质结合总平面布置的具体情况合理布局；其生产房屋宜合并建成综合维修楼。办公生活房屋宜与车辆基地同类房屋合建为综合办公楼。

24.6.6 设于车辆段内的综合维修中心，其变电所、空压机间和供水设施宜利用车辆段内相关设备和设施。

24.6.7 综合维修中心应根据各专业的作业内容和工作量配备必要的设备。同时，应按资源共享原则配备信号检测车、供电检修车、轨道梁检修车等工程车辆和设备。

24.6.8 综合维修中心应设置工程车库，供工程车的存放和日常维修保养。工程车库的股道数量和面积应根据配属工程车的台数来确定。

24.7 物资总库

24.7.1 悬挂式单轨交通系统应设物资总库，承担材料、配件、设备和机具及劳保用品等的采购、存放、发放和管理工作。

24.7.2 物资总库宜设在车辆段内，可在停车场内设物资分库或材料库。

24.7.3 物资总库应设有各种仓库、材料棚和必要的办公、生活房屋，以及材料堆放场地。

24.7.4 各种仓库的规模应根据所需存放材料、配件和设备的种类和数量确定；根据需要可设自动化立体仓库；材料堆放场地应采用硬化地面。

24.7.5 不同性质的材料和设备宜分库存放设计；存放易燃品的仓库宜单独设置，并应符合现行国家标准《建筑设计防火规范》GB 50016 的有关规定。

24.7.6 物资总库、物资分库、材料库应根据需要配备起重设备和汽车、蓄电池车等运输车辆。

24.7.7 物资总库应考虑对外运输条件,应有道路连接段内主要道路及外界道路。

24.7.8 物资总库生活设施宜利用车辆段的设施。

24.8 培训中心

24.8.1 培训中心负责组织和管理职工的技术教育和培训工作,应从整个线网规划考虑,根据运营的实际需要设置,当系统内已设有培训中心时,应考虑共用。若规划线路较少或工程规模较小,可考虑委托专业的车辆制造厂进行培训,减少建设投资。

24.8.2 培训中心宜设于车辆基地内,必要时也可设于其他地区。对职工的实作操作培训宜利用车辆基地的既有设施,生活设施宜利用车辆基地的设施。

24.8.3 培训中心应设教室、实验室、图书室、阅览室和教职员工办公和生活用房,以及必要的教学设备和配套设施。

24.8.4 培训及模拟测试中心系统应包括线路培训系统和模拟测试系统,主要由模拟线路中央计算机系统、模拟车站计算机系统、车站售检票终端设备、工作站和打印机设备等构成。

24.9 救援设施

24.9.1 车辆基地内应设救援办公室,并应配备相应的救援设备和设施。救援人员由车辆基地人员兼职,受全线控制中心指挥。

24.9.2 救援办公室应设值班室。值班室应设电钟、自动电话和无线通信设备,以及直通控制中心的防灾调度电话。

24.9.3 救援用的车辆宜利用运营或备用列车,并应根据救援需要设置专用地面工程车和指挥车。

24.10 其 他

24.10.1 车辆基地线路的配备应满足功能及工艺要求,并应做到安全、方便、经济合理。线路平面及纵断面设计应按本标准第 6 章的规定执行。

24.10.2 车辆基地的场坪设计高程应按 1/100 洪水频率高程设计;沿海或江河附近地区其场坪设计高程不应低于 1/100 潮水位、波浪爬高值和安全高之和。

24.10.3 车辆基地的路基排水应自成体系,并组织排入城市排水管网或附近自然水体;地坑和室外电缆沟的排水宜利用地形采用自然排水,困难时应自成体系采用集中机械提升排水方式排入路基排水系统或城市排水管网。排水设计应符合现行国家标准《室外排水设计规范》GB 50014 的有关规定。

24.10.4 车辆基地应根据供电系统的要求、车辆基地的规模和布置及生产工艺需要等设置牵引变电所和降压变电所及动力、照明设施。牵引供电系统应根据作业和安全要求实行分区供电。

25 防　灾

25.1 一般规定

25.1.1 悬挂式单轨交通应具有防火灾、冰雪、水淹、风灾、地震、雷击和事故停车等灾害的设施。

25.1.2 悬挂式单轨交通防火灾应贯彻"预防为主，防消结合"的方针。同一条线路按同一时间内发生一次火灾考虑。两条及两条以上线路的换乘站应按同一时间内发生一次火灾考虑。

25.1.3 车站站台、站厅及疏散通道内不得设置商业场所，除悬挂式单轨交通运营、服务设备、设施外，也不得设置妨碍乘客疏散的设备、设施及其他物体。

25.1.4 与悬挂式单轨交通相连的商业等建筑物，必须采取防火分隔设施。车站周边连体开发的商业服务设施等公共场所的防火灾设计，应符合现行国家标准《建筑设计防火规范》GB 50016 的有关规定。

25.1.5 车站及车辆内应配备防灾救护设施，车辆基地应配备防灾救援设施。

25.1.6 控制中心应具备全线防灾及救援的调度指挥功能，并具有与上一级防灾指挥中心联网通信的功能。

25.2 建筑防火

25.2.1 悬挂式单轨交通各建（构）筑物的耐火等级应符合下列规定：

  1 地面车站、高架车站及高架区间的建、构筑物，耐火等级不得低于二级。
  2 控制中心建筑耐火等级应为一级。
  3 车辆基地内建筑的耐火等级应根据其使用功能确定，并应符合现行国家标准《建筑设计防火规范》GB 50016 的有关规定。

25.2.2 车站、车辆基地、控制中心的防火分区的划分，应符合现行国家标准《建筑设计防火规范》GB 50016 的有关规定。

25.2.3 车站内楼梯、自动扶梯和疏散通道的通过能力，应保证在远期高峰小时客流量情况下发生火灾时，6 min 内将一列车乘客和站台上候车的乘客及工作人员全部撤离站台至安全区。

25.2.4 换乘车站内的站台层和站厅层公共区宜按一个防火分区考虑，但换乘通道和楼梯应作防火分隔，门洞处设防火卷帘。

25.2.5 车站的装修材料应符合下列规定：
  1 车站公共区的墙面、顶棚的装修材料及垃圾箱，应采用 A 级不燃材料，地面应采用不低于 B_1 级的难燃材料。设备与管理用房区内的装修材料，应符合现行国家标准《建筑内部装修设计防火规范》GB 50222 的有关规定。
  2 车站公共区的广告灯箱、导向标志、休息椅、电话亭、售检票机等固定服务设施的材料，应采用不低于 B_1 级的难燃材料。装修材料不得采用石棉、玻璃纤维、塑料类等制品。

25.2.6 地面、高架车站与相邻建筑的防火间距和消防车道的设置，应按现行国家标准《建筑设计防火规范》GB 50016 的有关规定执行。与汽车加油加气站的防火间距应符合现行国家标准《汽车加油加气站设计与施工规范》GB 50156 的有关规定。

25.2.7 防火卷帘与建筑物之间的缝隙，以及管道、电缆、风管等穿过防火墙、楼板及防火分隔物时，应采用防火封堵材料将空隙填塞密实。

25.2.8 重要设备用房应以耐火极限不低于 2 h 的隔墙和耐火极限不低于 1.5 h 的楼板与其他部位隔开。

25.3 安全疏散

25.3.1 车站安全出口设置应符合下列规定：

1 车站每个站厅公共区安全出口数量应经计算确定，且应设置不少于 2 个直达地面的安全出口。

2 安全出口应分散设置，当同方向设置时，两个安全出口通道口部之间净距不应小于 10 m。

3 换乘车站的换乘通道不应作为安全出口。

25.3.2 事故疏散时间按下式计算，并不应大于 6 min，通行能力应符合本标准第 9 章有关规定。

$$T = 1 + \frac{Q_1 + Q_2}{0.9[A_1(N-1) + A_2 B]} \qquad (25.3.2)$$

式中 T——事故疏散时间；
   Q_1——远期或客流控制期中超高峰小时 1 列进站列车
     的最大客流断面流量（人）；

Q_2——远期或客流控制期中超高峰小时站台上的最大候车乘客（人）；

A_1——自动扶梯通过能力[人/（min·台）]；

A_2——人行楼梯通过能力[人/（min·m）]；

N——自动扶梯台数；

B——人行楼梯总宽度（m）；

1——人的反应时间（min）。

25.3.3 设于公共区的付费区与非付费区的栏杆应设疏散门，疏散门的总宽度按下列公式计算：

$$L \geq \frac{0.9\left[A_1(N-1)+A_2B\right]-A_3}{A_4} \quad (25.3.3)$$

式中 L——疏散门的总宽度（m）；

A_3——门式自动检票机通行能力（人/min）；

A_4——疏散门通行能力[人/（min·m）]；

其余符号意义同前。

当采用三杆式自动检票机时，其通行能力应按门式自动检票机的50%计算。

25.3.4 站台、站厅公共区任一点距疏散楼梯、自动扶梯或通道口的距离不应大于30 m。

25.3.5 与车站相连开发的商业等公共场所，安全出入口应符合现行国家标准《建筑设计防火规范》GB 50016的规定。

25.3.6 防灾疏散的自动扶梯应符合下列规定：

 1 按一级负荷供电；

 2 有逆向运转的功能。

25.3.7 安全出口、楼梯和疏散通道的设置应符合下列规定：

1 供人员疏散的出口楼梯和疏散通道宽度，应按本标准第 9 章有关规定计算确定。

　　2 设备与管理用房区房间单面布置时，疏散通道宽度不得小于 1.2 m，双面布置时不得小于 1.5 m。

　　3 有人值班的车站设备、管理房间的门至最近安全出口的距离不应大于 40 m，位于袋形通道两侧或尽端的房间，其最大距离不应大于上述距离的 1/2。

25.3.8 当车站站内上、下全部采用自动扶梯时，应增设一处人行楼梯，侧式站台车站每侧应设一处。

25.4 消防给水

25.4.1 消防给水系统的水源优先采用城市自来水。当无城市自来水时，应选用其他可靠的水源。

25.4.2 车站消火栓给水系统宜和生产、生活给水系统分开设置。

25.4.3 消防给水系统，应结合给水水源等因素确定，宜按下列要求确定：

　　1 当城市自来水的供水量能满足消防用水的要求，而供水压力不能满足消防用水压力的要求时，应设消防增压、稳压设施，取得当地消防和市政部门许可时，可不设消防水池，从市政管网直接引水。

　　2 当城市自来水的供水量不能满足消防用水量要求或城市自来水管网为枝状管网时，消防设施及消防水池的设置应符合现行国家标准《建筑设计防火规范》GB 50016 的有关规定。

3 换乘车站消防给水系统宜采用一套系统。

4 消火栓给水系统采用消防泵加压供水时,应设置稳压装置及气压罐,可不设高位水箱。

25.4.4 消火栓给水系统用水量定额应符合现行国家标准《建筑设计防火规范》GB 50016 的有关规定:

1 车站外消防用水量:

1)车站建筑体积≤1500 m^3 时,为 10 L/s;

2)车站建筑体积为 1501 m^3 ~ 5000 m^3 时,为 15 L/s;

3)车站建筑体积为 5001 m^3 ~ 20000 m^3 时,为 20 L/s;

4)车站建筑体积为 20001 m^3 ~ 50000 m^3 时,为 25 L/s;

5)车站建筑体积 > 50000 m^3 时,为 30 L/s。

2 车站内消防用水量:

1)车站建筑体积为 5001 m^3 ~ 25000 m^3 时,为 10 L/s;

2)车站建筑体积为 25001 m^3 ~ 50000 m^3 时,为 15 L/s;

3)车站建筑体积 > 50000 m^3 时,为 20 L/s。

3 如车站外市政只有一路枝状自来水管,而且车站内外消防用水量之和又超过 25 L/s 时,应设消防泵和消防水池。消防水池的容积应满足火灾延续时间内的室内外消防用水量之和。

4 消火栓给水系统火灾延续时间不应小于 2 h。

25.4.5 消防给水管道的设置应符合下列要求:

1 车站内消火栓超过 10 个,且站内消防用水量大于 15 L/s 时,应设计为环装管网,且站内消防给水管至少有两条引入管和站外城市自来水管网相接。

2 消防枝状管道上设置的消火栓数量不应超过 4 个。

25.4.6 消火栓设置应满足下列要求:

1 消火栓的布置应保证每个防火分区同层有两只水枪的充实水柱同时到达室内任何部位，水枪充实水柱长度应符合现行国家标准《建筑设计防火规范》GB 50016 的有关规定。

2 消火栓的口径为 DN65，水枪喷嘴为 ϕ19，每根水带长为 25 m，栓口距地面为 1.1 m。出水方向宜向下或垂直于墙面。

3 车站的消火栓，宜设单口单阀消火栓，困难地段可设双口双阀消火栓箱。

4 消火栓的间距应按计算确定，但单口单阀消火栓不应超过 30 m，双口双阀消火栓不应超过 50 m。人行通道内消火栓间距不应超过 30 m。

5 双口双阀消火栓箱内可配一根 25 m 的水龙带。

6 消火栓口的静水压力和出水压力应符合现行国家标准《建筑设计防火规范》GB 50016 的有关规定。

7 车站、车辆基地的消火栓与灭火器宜共箱设置，箱内应配备衬胶水龙带和水枪、自救式消防软管卷盘和灭火器。

8 当消火栓系统由消防水泵加压供给时，消火栓处应设水泵启动按钮。

25.4.7 车站水泵接合器的设置，应按现行国家标准《建筑设计防火规范》GB 50016 的规定执行。

25.4.8 寒冷地区的室外消火栓及水泵接合器设置应考虑防冻措施。

25.4.9 管材及附件的设置应符合下列规定：

1 消防给水管宜采用球墨铸铁给水管、热镀锌钢管或经国家固定灭火系统质量监督检验测试中心检测合格的其他管材。

2 室外埋地给水管道宜采用球墨铸铁给水管。

25.5 灭火装置

25.5.1 控制中心、车辆基地、车站的灭火装置的设置应按现行国家标准《建筑设计防火规范》GB 50016、《自动喷水灭火系统设计规范》GB 50084 的规定执行。

25.5.2 地上运营控制中心通信机房、信号机房、综合监控设备室、自动售检票机房、计算机数据中心应设置自动灭火系统，且应按现行国家标准《建筑设计防火规范》GB 50016 的规定执行。

25.5.3 悬挂式单轨交通应按现行国家标准《建筑灭火器配置设计规范》GB 50140 的有关规定配置灭火器；车辆客室、司机室应配置便携式灭火器，安放位置应有明显标识并便于取用。

25.6 消防设备配置与监控

25.6.1 消防泵的设置应符合下列要求：

1 两台消防泵，一用一备。

2 由车站控制室远程控制、就地控制；消火栓按钮控制；消防泵可自动和手动切换。设稳压装置时能自动控制，消防泵启动后停止时用手动控制。

25.6.2 气体灭火系统应有自动控制、手动控制和机械应急手动控制三种方式；控制盘可采用独立控制或集中控制方式。

25.6.3 消防泵、消防管道上的电动阀门及气体灭火系统的工作状态应在控制中心和车站控制室显示。

25.7 防烟、排烟与事故通风

25.7.1 悬挂式单轨交通必须设置有效的防烟、排烟与事故通风系统。

25.7.2 防烟、排烟系统应按照现行国家标准《建筑设计防火规范》GB 50016、《建筑防烟排烟系统技术标准》GB 51251进行设计。

25.7.3 建筑中有防排烟要求的场所应优先采用自然排烟方式，当自然排烟不能满足要求时，设置机械排烟系统。

25.7.4 当防烟、排烟系统和事故通风与正常通风空调系统合用时，通风空调系统应符合防烟、排烟系统的要求，并应在发生火灾事故时能够快速转换至防烟、排烟功能。

25.7.5 连续长度大于300 m的区间隧道和全封闭车道应设置机械防排烟措施。

25.7.6 防烟、排烟系统与事故通风应具有下列功能：

1 当区间隧道发生火灾时，应背着乘客主要疏散方向排烟，迎着乘客疏散方向送新风。

2 当地下车站的站厅、站台发生火灾时，应具备防烟、排烟、通风功能。

3 当列车阻塞在区间隧道时，应对阻塞区间进行有效通风。

4 当设备与管理用房发生火灾时，应具备防烟、排烟、通风功能。

25.7.7 列车阻塞在区间隧道时的送排风量，应按区间隧道断面风速不小于2 m/s计算，并应按控制列车顶部最不利点的隧道温度低于45 ℃校核确定，但风速不得大于11 m/s。

25.7.8 区间隧道火灾的排烟量，应按单洞区间隧道断面的排烟流速不小于 2 m/s 且高于计算的临界风速计算，但排烟流速不得大于 11 m/s。

25.7.9 车站公共区和设备管理用房采用自然排烟时，排烟口应设置在上部，且其净面积不应小于顶部投影面积的 5%，排烟口的位置与防烟分区内最远排烟点的水平距离不应超过 30 m。

25.7.10 车站公共区和设备及管理用房需设置机械排烟时，其排烟量应根据一个防烟分区的建筑面积按 1 m³/（m²·min）计算，排烟房间的补风量不宜小于排烟量的 50%。当排烟设备负担两个防烟分区时，其设备能力应根据最大防烟分区的建筑面积按 2 m³/（m²·min）计算的排烟量配置。

25.7.11 地面建筑排烟风机应保证在 280 ℃ 时能连续有效工作 0.5 h，烟气流经的辅助设备如风阀及消声器等应与风机耐高温等级相同。

25.7.12 排烟口的风速不宜大于 10 m/s。

25.7.13 当排烟干管采用金属管道时，管道内的风速不应大于 20 m/s，采用非金属管道时不应大于 15 m/s。

25.7.14 通风空调系统下列部位应设置防火阀：

1 风管穿越防火分区的防火墙及楼板处；

2 穿越通风、空气调节机房的房间隔墙和楼板处；

3 穿越重要或火灾危险性大的场所的房间隔墙和楼板处；

4 穿越防火分隔处的变形缝两侧；

5 竖向风管与每层水平风管交接处的水平管段上。

25.8 防灾用电与疏散标志

25.8.1 消防用电设备按一级负荷供电,并应在末级配电箱处设置自动切换装置,当发生火灾切断生产、生活用电时,应能保证消防设备正常工作。

25.8.2 防灾用电设备的配电设备应有明显标志。

25.8.3 应急照明的连续供电时间不应少于 1 h,且其最低照度不应低于 0.5 lx。

25.8.4 下列部位应设置疏散应急照明:

　　1 站厅、站台、自动扶梯、自动人行道及楼梯口;

　　2 疏散通道及安全出口。

25.8.5 应急照明和疏散指示灯用的电缆应采用耐火型或矿物绝缘类电缆。

25.8.6 应急照明以及疏散指示标志的供电电源采用 EPS 方式供电时,EPS 的工作状态应由火灾报警系统(FAS)或设备监控系统(BAS)对其进行远程监视。

25.8.7 下列部位应设置醒目的疏散指示标志:

　　1 站厅、站台、自动扶梯、自动人行道及楼梯口。

　　2 人行疏散通道拐弯处、交叉口及安全出口;沿通道长向每隔不大于 20 m 处。

　　3 疏散通道和疏散门均应设置灯光疏散指示标志,并设有玻璃或其他不燃烧材料制作的保护罩。

　　4 指示标志距地面应小于 1 m。

　　5 地下车站的站台、站厅、疏散通道等人员密集部位的地面,应设置保持视觉连续的发光疏散指示标志。

25.9 防灾通信

25.9.1 悬挂式单轨交通系统公务电话交换机应具有火警时能自动转换到市话网"119"的功能。

25.9.2 控制中心应设置防灾无线控制台，列车司机室应设置无线通话台，车站控制室、站长室、保安室及车辆基地值班室应设置无线通信设备。

25.9.3 控制中心应设置防灾广播控制台，车站控制室、车辆基地值班室应设置广播控制台。

25.9.4 控制中心和车站控制室应设置监视器和控制键盘，供防灾调度员监视。

25.9.5 悬挂式单轨交通应设消防专用调度电话；防灾调度电话系统应在控制中心设调度电话总机，在车站控制室及车辆基地设分机。

25.9.6 车站应设消防对讲电话。

25.9.7 通信系统的设计，应具备火灾时能迅速转换为防灾通信的功能。

25.10 火灾报警系统

25.10.1 车站、变电所、控制中心、车辆基地及停车场应设置火灾自动报警系统（FAS）。

25.10.2 控制中心兼作全线防灾控制中心，火灾报警系统中央级应设在控制中心中央控制室；车站或车辆基地设防灾控制室，组成控制中心、车站两级管理，控制中心、车站、就地三级的控制模式。火灾报警系统的全线传输网络可利用公共通信传输网络，不宜单独配置。

25.10.3 火灾报警系统（FAS）应包括火灾报警装置、消防联动装置及与防灾相关的其他设备。

25.10.4 FAS应可直接操作联动控制消防设施和防烟、排烟系统设备，或通过设备监控系统（BAS）联动控制防烟、排烟系统设备。

25.10.5 下列场所应设置火灾自动报警装置：

1 控制中心楼的各种设备机房、配电室（间）、电缆通道、电缆竖井、电缆夹层、走廊、会议室、办公室、控制室及其他管理用房。

2 车站的各种设备机房、配电室（间）、电缆通道、电缆竖井、电缆夹层、控制室等重要管理用房。

3 主变电所、牵引变电所、降压变电所、混合变电所。

4 车辆基地与停车场的停车库、检修库、变电所、信号楼及火灾危险性较大的场所。

25.10.6 车站级防灾控制应具有下列功能：

1 接收本车站及其所辖区间的火灾报警信号，显示火灾报警、故障报警部位，并将本站管辖区域的灾害信息及设备状态信息传送至控制中心。

2 接收与本站联建的物业火灾报警信号，统一协调疏散、救灾。

3 对室内消火栓系统、自动喷水灭火系统、气体自动灭火系统、防排烟系统和防火卷帘等进行控制和显示。

4 防灾控制室在确认火灾后应具备下列功能：

  1）启动消防广播，接通警报装置，接通应急照明和疏散指示灯，将电梯全部停于首层；

2）手动将疏散用的自动扶梯强切于疏散方向运行；

3）手动控制站台门的开或关，手动或自动开启所有自动检票机闸门，切断相关区域非消防电源；

4）消防水泵、防排烟风机的启、停，除自动控制外，还应能手动直接控制。

5 显示被控设备的工作状态，显示系统供电电源的工作状态。

6 显示保护对象的部位、疏散通道及消防设备所在位置的平面图或模拟图。

7 接收控制中心命令，强制设备监控系统（BAS）将事故风机按火灾工况运行。

25.10.7 控制中心控制室应具有下列功能：

1 接收并显示全线各车站和车辆基地送来的火灾报警和相关防灾设备的工作状态信号。

2 对全线相关消防设施进行监控。

3 对全线火灾事件、历史资料进行存档和管理。

25.10.8 防灾控制室应结合其他控制系统综合设置，并应符合下列规定：

1 控制中心的防灾控制室宜设于全线的中央控制室内。

2 车站防灾控制宜与设备监控（BAS）、通信、信号等系统同设于车站控制室内。

3 FAS 系统的专用面积不应小于 $6 m^2$，在该区域内不应有与其无关的管线穿过。

25.10.9 FAS 系统的时钟应与全线时钟系统同步。

25.10.10 FAS 应设主电源和直流备用电源。FAS 主电源应由一级负荷或相当于一级负荷的电源供电；FAS 直流备用电源宜采用火灾报警控制器的专用蓄电池或集中设置蓄电池组供电，其容量应保证主电源断电后供电 3 h。采用集中设置蓄电池时，消防报警控制器供电回路应单独设置，保证控制器可靠工作。

25.10.11 FAS系统布线应采用无卤低烟、阻燃或耐火电线电缆。

25.10.12 FAS系统设计除应执行本标准规定外，尚应符合现行国家标准《火灾自动报警系统设计规范》GB 50116 的相关规定。

25.11 其他灾害预防

25.11.1 高架及地面有关建筑工程应有可靠的防风、防雷及接地措施。

25.11.2 高架及地面有关建筑工程的结构抗震设计，除应符合本标准的有关规定外，尚应符合现行国家标准《建筑抗震设计规范》GB 50011 的规定。

25.11.3 寒冷地区的地面及高架线路和暴露于室外的自动扶梯上下平台应采取防冰雪措施。

25.12 救援保障

25.12.1 悬挂式单轨交通应设置线路上行驶的列车发生故障或遭遇灾害时实施救援所需的设备和设施。

25.12.2 控制中心应能对所有紧急状态下的应急预案和操作程序进行监控管理，发布相关消防设施的控制命令，负责全线防灾、救灾的指挥和协调。控制中心负责灾害情况下的对外联络及协调工作，应能通过电话或网络通信快速地同本地区的消防、公安、医疗救护部门建立联系。控制中心应具备接收本地区气象预报部门、地震预报部门的电话报警或网络通信报警功能。

25.12.3 当列车发生事故停车时，应由控制中心进行调度。

25.12.4 当列车遭遇狂风、暴风雨、冰雪、雷电等气候灾害时，控制中心应能作出减速或者停运的决定。

25.12.5 当从车辆中撤离所有乘客时，列车驾驶员应能组织乘客实施撤离。

25.12.6 各车站控制室应设综合后备控制盘，在火灾或紧急情况下，在综合后备盘上能够执行监控系统的关键控制功能并采用手动按键操作实现。

26 环境保护

26.1 一般规定

26.1.1 悬挂式单轨交通设计应达到国家和地方污染物排放标准的规定，并应符合城市环境功能区划及相关环境质量标准的要求。

26.1.2 列车及设备运行噪声影响应符合现行国家标准《声环境质量标准》GB 3096、《工业企业噪声控制设计规范》GB/T 50087 的有关规定。车辆基地及停车场厂界噪声应符合现行国家标准《工业企业厂界环境噪声排放标准》GB 12348 的有关规定。

26.1.3 列车及设备运行振动影响应符合现行国家标准《城市区域环境振动标准》GB 10070 的有关规定。

26.1.4 车辆基地的生产废水、生活污水，以及沿线车站的生活污水排放，应符合现行国家标准《污水综合排放标准》GB 8978 和现行行业标准《污水排入城镇下水道水质标准》GB/T 31962，以及地方水污染物排放标准的有关规定。

26.1.5 给水与排水设计应按现行国家标准《民用建筑节水设计标准》GB 50555 的有关规定采取节水、节能措施。

26.1.6 车辆基地废气排放应符合现行国家标准《锅炉大气污染物排放标准》GB 13271 的有关规定。

26.1.7 110 kV 及以上电压等级的变电所工频电场、工频磁场电磁环境，应符合现行行业标准《环境影响评价技术导

则　输变电工程》HJ 24 的有关规定。

26.2　规划及工程环境保护

26.2.1 悬挂式单轨交通的规划应符合城市与区域环境保护等相关规划，并应按环境保护要求，合理规划线路走向和线位布局。

26.2.2 悬挂式单轨交通规划设计应按沿线土地利用规划，并满足工程环境影响报告书确认的环境噪声、振动等标准的规定。其线位、站位和 110 kV 及以上电压等级的地面变电所与环境敏感建筑之间的距离，应满足噪声、振动、电磁防护的要求。

26.3　环境保护措施

26.3.1 悬挂式单轨交通环境保护措施设计应遵循统一规划、合理布局、综合治理、防治结合的原则。

26.3.2 悬挂式单轨交通环境保护措施应包括噪声与振动控制、电磁防护、污水处理、生态保护等措施，并应符合现行国家标准《声环境质量标准》GB 3096、《工业企业噪声控制设计规范》GB/T 50087、《城市区域环境振动标准》GB 10070 的相关规定。

26.3.3 悬挂式单轨交通沿线文物建筑的振动速度应符合现行国家标准《古建筑防工业振动技术规范》GB/T 50452 的有关规定。

26.3.4 悬挂式单轨交通环境保护措施设计目标值应根据

环境影响报告书,以及当地环境保护主管部门确认的环境功能区标准或污染物排放标准确定。当工程线路走向、敷设方式或沿线敏感目标等发生重大变动时,应按重新报批的建设项目环境影响评价文件开展设计。

26.3.5 悬挂式单轨交通环境保护措施应与主体工程同时设计、同时施工、同时投入使用,并应符合环境保护设施竣工验收的要求。

附录 A 曲线地段设备限界计算方法

A.0.1 曲线地段设备限界应在直线地段设备限界的基础上加宽。

A.0.2 曲线地段设备限界应按平面曲线几何偏移量引起的设备限界加宽量和车辆参数变化引起的设备限界加宽量计算确定。

A.0.3 平面曲线的设备限界几何偏移量按下列公式计算确定：

1 车体

  1）曲线外侧：$T_a = [4n(n+a) - p^2]/8R$

  2）曲线内侧：$T_i = [4n(a-n) + p^2]/8R$

2 转向架

  1）曲线外侧：$T_{ba} = m(m+p)/2R$

  2）曲线内侧：$T_{bi} = m(p-m)/2R$

式中 a——转向架中心距（mm）；

n——车体计算断面至相邻中心销距离（mm）；

R——曲线半径（mm）。

m——转向架计算断面至相邻轴距离（mm）；

p——导向轮距（mm）；

A.0.4 车辆参数变化引起的设备限界加宽量：

  1 曲线外侧：$\Delta Y_{ca} = \Delta w_q$

  2 曲线内侧：$\Delta Y_{ci} = \Delta w_q$

式中 Δw_q——车辆二系弹簧的横移量在曲线与直线上的差值，取 10 mm。

A.0.5 设备限界加宽量总和：
1 曲线外侧：$\Delta Y_a = T_a + \Delta Y_{ca}$
2 曲线内侧：$\Delta Y_i = T_i + \Delta Y_{ci}$

A.0.6 直线地段设备限界各点 Y 坐标值加上 ΔY_a（或 ΔY_i）值后，形成曲线地段设备限界。

附录 B 悬挂式单轨交通 A 型车限界图

B.0.1 区间直线地段车辆轮廓线、车辆限界、设备限界（图 B.0.1）的坐标值，应按表 B.0.1-1～表 B.0.1-5 选取。

表 B.0.1-1　车辆轮廓线坐标值（mm）

点号	1	2	3	4	5	6	7	8	9	10
Y	0	701	1129	1250	1210	1120	1120	1170	1170	0
Z	312	312	485	2162	2912	3350	3480	3480	3700	3700

表 B.0.1-2　车辆限界坐标值（隧道外区间直线地段）（mm）

点号	1′	2′	3′	4′	5′	6′	7′	8′
Y	0	878	1314	1493	1480	1460	1470	0
Z	232	232	400	2059	3047	3392	3828	3828

表 B.0.1-3　设备限界坐标值（隧道外区间直线地段）（mm）

点号	1″	2″	3″	4″	5″	6″	7″	8″
Y	0	938	1374	1583	1587	1573	1590	0
Z	182	182	350	2059	3082	3442	3888	3888

表 B.0.1-4　车辆限界坐标值（隧道内区间直线地段）（mm）

点号	1′	2′	3′	4′	5′	6′	7′	8′
Y	0	761	1191	1325	1291	1256	1260	0
Z	267	267	437	2112	3002	3432	3788	3788

表 B.0.1-5　设备限界坐标值（隧道内区间直线地段）（mm）

点号	1″	2″	3″	4″	5″	6″	7″	8″
Y	0	821	1251	1415	1397	1369	1380	0
Z	217	217	387	2112	3037	3482	3848	3848

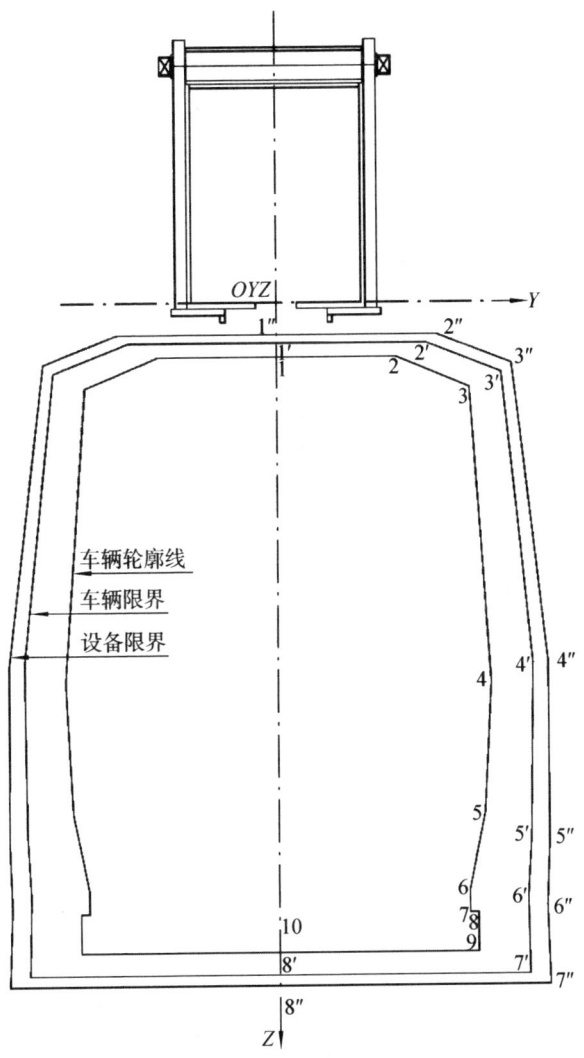

图 B.0.1 区间直线地段车辆轮廓线、车辆限界和设备限界

B.0.2 车站直线地段车辆轮廓线与区间直线地段车辆轮廓线

一致，车站车辆限界（图 B.0.2）的坐标值，应按表 B.0.2 选取。

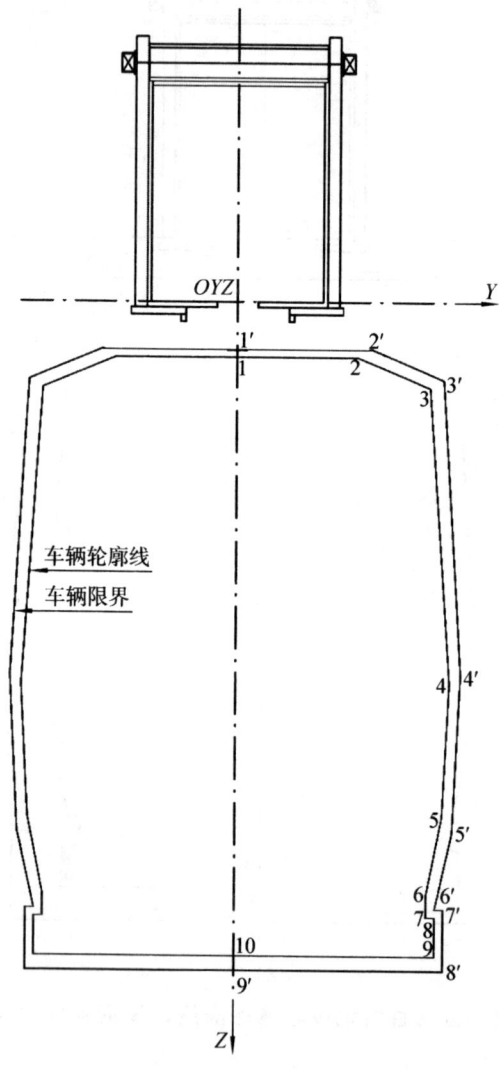

图 B.0.2 车站直线地段车辆轮廓线和车辆限界

表 B.0.2 车辆限界坐标值（车站直线地段）(mm)

点号	1′	2′	3′	4′	5′	6′	7′	8′	9′
Y	0	791	1209	1315	1270	1170	1220	1220	0
Z	272	269	440	2112	3002	3435	3435	3785	3785

B.0.3 车站直线地段建筑限界，按图 B.0.3 执行。

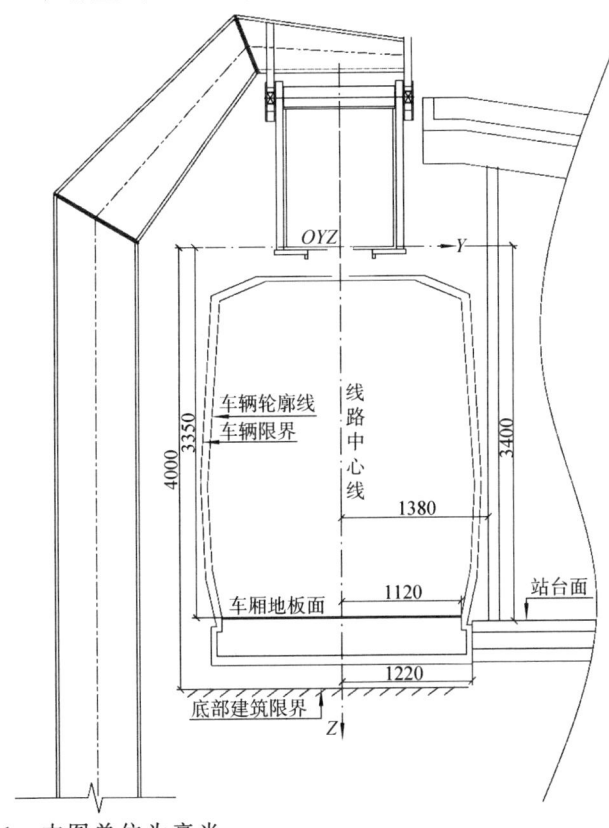

说明：1 本图单位为毫米。
　　　2 本图以车速 $v_{车}$ = 30 km/h 的条件进行设计。
　　　3 本图站台高度距轨面 3400 mm 为站台装修面的限界尺寸。

图 B.0.3 车站建筑限界图

附录 C 悬挂式单轨交通 B 型车限界图

C.0.1 区间直线地段车辆轮廓线、车辆限界、设备限界（图 C.0.1）的坐标值，应按表 C.0.1-1～表 C.0.1-5 选取。

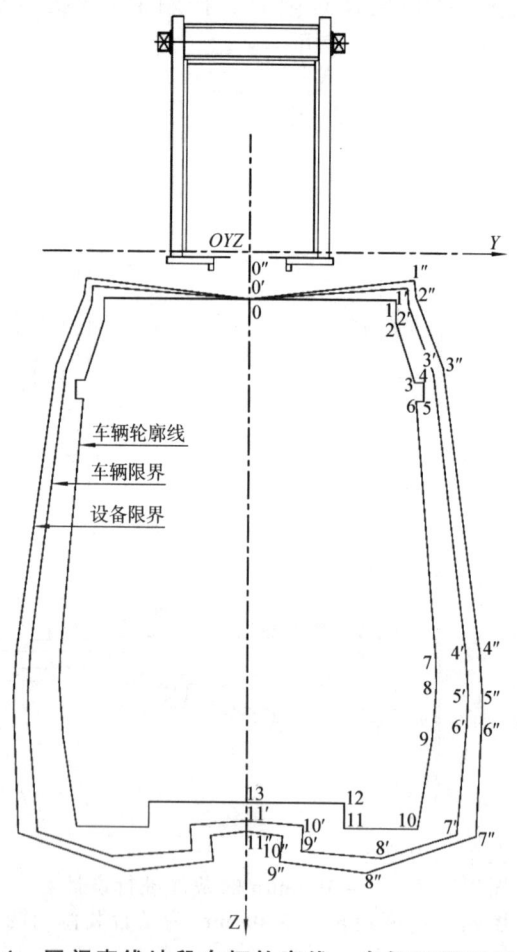

图 C.0.1 区间直线地段车辆轮廓线、车辆限界和设备限界

表 C.0.1-1 车辆轮廓线坐标值（mm）

点号	0	1	2	3	4	5	6
Y	0	889	889	1005	1060	1060	1014
Z	280	280	411	760	760	871	871
点号	7	8	9	10	11	12	13
Y	1143	1150	1124	1039	595	595	0
Z	2365	2537	2860	3380	3380	3231	3231

注：表中第3~6点为车辆雨沿控制点。

表 C.0.1-2 车辆限界坐标值（隧道外区间直线地段）（mm）

点号	0′	1′	2′	3′	4′	5′
Y	0	958	966	1118	1326	1342
Z	280	209	317	704	2341	2593
点号	6′	7′	8′	9′	10′	11′
Y	1335	1278	822	334	345	0
Z	2768	3412	3551	3515	3366	3340

表 C.0.1-3 设备限界坐标值（隧道外区间直线地段）（mm）

点号	0″	1″	2″	3″	4″	5″
Y	0	999	1011	1178	1410	1429
Z	280	163	264	675	2342	2618
点号	6″	7″	8″	9″	10″	11″
Y	1427	1395	730	203	220	0
Z	2710	3421	3637	3575	3427	3402

表 C.0.1-4 车辆限界坐标值（隧道内区间直线地段）(mm)

点号	0′	1′	2′	3′	4′	5′
Y	0	951	957	1094	1260	1270
Z	280	234	349	733	2374	2575
点号	6′	7′	8′	9′	10′	11′
Y	1257	1185	902	430	437	0
Z	2801	3439	3528	3505	3356	3335

表 C.0.1-5 设备限界坐标值（隧道内区间直线地段）(mm)

点号	0″	1″	2″	3″	4″	5″
Y	0	988	997	1154	1344	1356
Z	280	190	291	706	2379	2604
点号	6″	7″	8″	9″	10″	11″
Y	1351	1301	806	300	314	0
Z	2747	3450	3617	3570	3422	3393

C.0.2 车站直线地段车辆轮廓线与区间直线地段车辆轮廓线一致，车站车辆限界（图 C.0.2）的坐标值，应按表 C.0.2 选取。

表 C.0.2 车辆限界坐标值（车站直线地段）(mm)

点号	0′	1′	2′	3′	4′	5′
Y	0	988	989	1104	1234	1241
Z	280	267	370	696	2390	2548
点号	6′	7′	8′	9′	10′	11′
Y	1218	1128	1013	502	504	0
Z	2852	3455	3495	3488	3339	3332

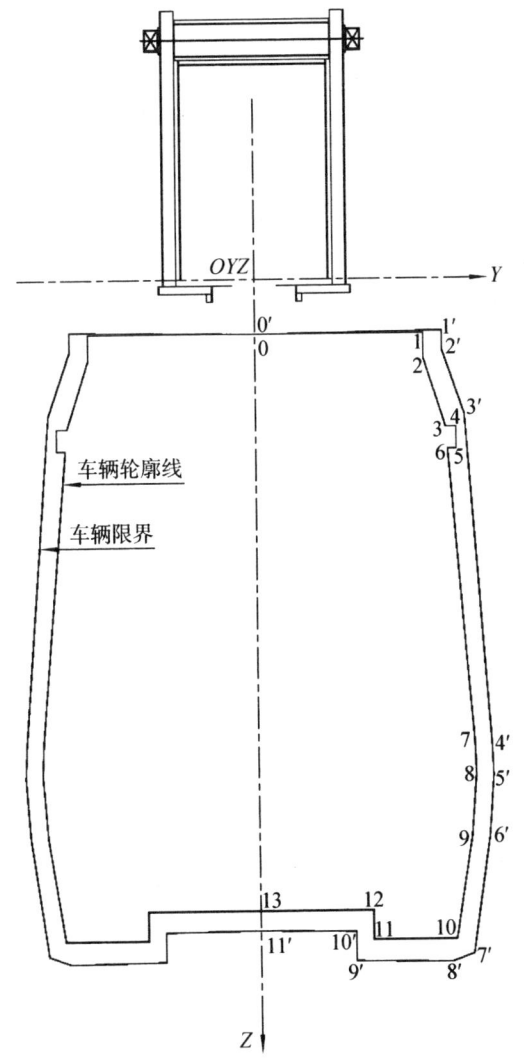

图 C.0.2 车站直线地段车辆轮廓线和车辆限界

C.0.3 车站直线地段建筑限界，按图 C.0.3 执行。

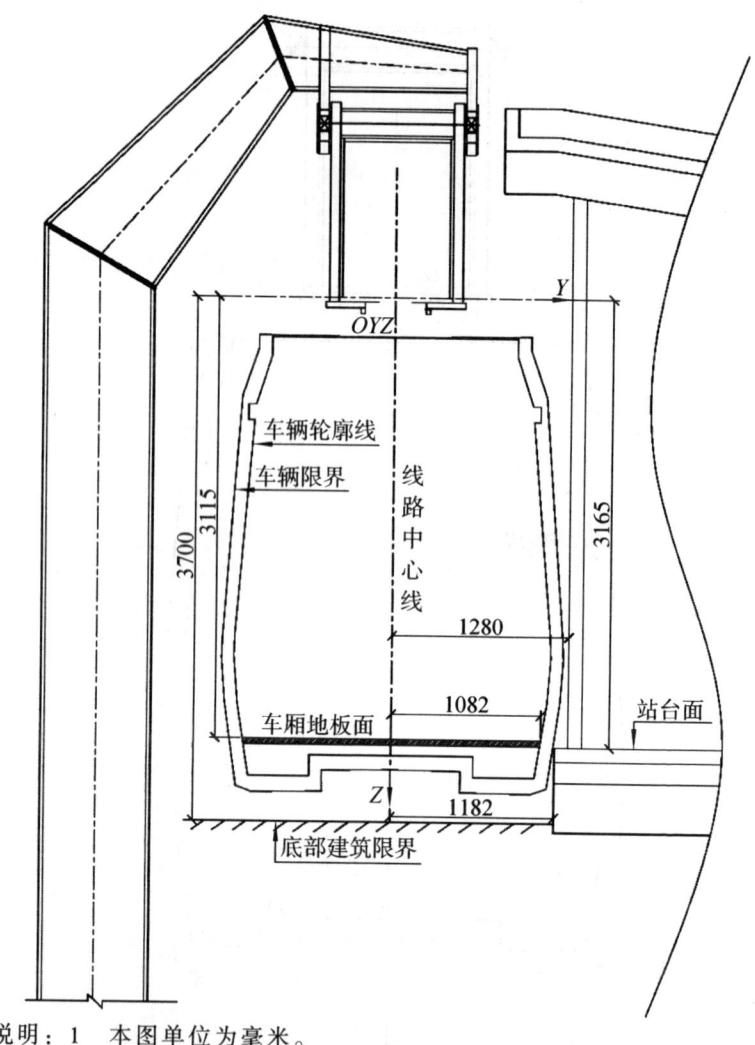

说明: 1 本图单位为毫米。
2 本图以车速 $v_{车}$ = 30 km/h 的条件进行设计。
3 本图站台高度距轨面 3165 mm 为站台装修面的限界尺寸。

图 C.0.3 车站建筑限界图

本标准用词说明

1 为便于在执行本标准条文时区别对待,对要求严格程度不同的用词说明如下:
　　1)表示很严格,非这样做不可的:
　　　　正面词采用"必须",反面词采用"严禁";
　　2)表示严格,在正常情况下均应这样做的:
　　　　正面词采用"应",反面词采用"不应"或"不得";
　　3)表示允许稍有选择,在条件许可时首先应这样做的:
　　　　正面词采用"宜",反面词采用"不宜";
　　4)表示有选择,在一定条件下可以这样做的,采用"可"。
2 条文中指明应按其他有关标准执行的写法为:"应符合……的规定"或"应按……执行"。

引用标准名录

1. 《环境空气质量标准》 GB 3095
2. 《声环境质量标准》 GB 3096
3. 《铁道车辆动力学性能评定和试验鉴定规范》 GB 5599
4. 《生活饮用水卫生标准》 GB 5749
5. 《污水综合排放标准》 GB 8978
6. 《城市区域环境振动标准》 GB 10070
7. 《工业企业厂界环境噪声排放标准》 GB 12348
8. 《锅炉大气污染物排放标准》 GB 13271
9. 《城市轨道交通列车 噪声限值和测量方法》 GB 14892
10. 《建筑用安全玻璃》 GB 15763
11. 《自动扶梯和自动人行道的制造与安装安全规范》 GB 16899
12. 《中国地震动参数区划图》 GB 18306
13. 《建筑地基基础设计规范》 GB 50007
14. 《建筑结构荷载规范》 GB 50009
15. 《混凝土结构设计规范》 GB 50010
16. 《建筑抗震设计规范》 GB 50011
17. 《室外给水设计规范》 GB 50013
18. 《室外排水设计规范》 GB 50014
19. 《建筑给水排水设计规范》 GB 50015
20. 《建筑设计防火规范》 GB 50016
21. 《建筑照明设计标准》 GB 50034

22	《工业循环冷却水处理设计规范》	GB/T 50050
23	《供配电系统设计规范》	GB 50052
24	《20 kV及以下变电所设计规范》	GB 50053
25	《低压配电设计规范》	GB 50054
26	《建筑物防雷设计规范》	GB 50057
27	《35 kV~110 kV变电站设计规范》	GB 50059
28	《3~110 kV高压配电装置设计规范》	GB 50060
29	《自动喷水灭火系统设计规范》	GB 50084
30	《地下工程防水技术规范》	GB 50108
31	《铁路工程抗震设计规范》	GB 50111
32	《火灾自动报警系统设计规范》	GB 50116
33	《内河通航标准》	GB 50139
34	《建筑灭火器配置设计规范》	GB 50140
35	《汽车加油加气站设计与施工规范》	GB 50156
36	《地铁设计规范》	GB 50157
37	《数据中心设计规范》	GB 50174
38	《公共建筑节能设计标准》	GB 50189
39	《电力工程电缆设计规范》	GB 50217
40	《建筑内部装修设计防火规范》	GB 50222
41	《城市轨道交通岩土工程勘察规范》	GB 50307
42	《智能建筑设计标准》	GB 50314
43	《建筑物电子信息系统防雷技术规范》	GB 50343
44	《屋面工程技术规范》	GB 50345
45	《跨座式单轨交通设计规范》	GB 50458
46	《城市轨道交通技术规范》	GB 50490
47	《民用建筑节水设计标准》	GB 50555

48	《民用建筑供暖通风与空气调节设计规范》	GB 50736
49	《无障碍设计规范》	GB 50763
50	《消防给水及消火栓系统技术规范》	GB 50974
51	《建筑防烟排烟系统技术标准》	GB 51251
52	《桥梁用结构钢》	GB/T 714
53	《电能质量 供电电压偏差》	GB/T 12325
54	《城市轨道交通信号系统通用技术条件》	GB/T 12758
55	《城市轨道交通照明》	GB/T 16275
56	《城市污水再生利用 城市杂用水水质》	GB/T 18920
57	《铁路应用 机车车辆电气设备 第1部分：一般使用条件和通用规则》	GB/T 21413.1
58	《轨道交通 机车车辆电子装置》	GB/T 25119
59	《电力装置的继电保护和自动装置设计规范》	GB/T 50062
60	《交流电气装置的过电压保护和绝缘配合设计规范》	GB/T 50064
61	《交流电气装置的过电压保护和绝缘配合设计规范》	GB/T 50064
62	《工业企业噪声控制设计规范》	GB/T 50087
63	《古建筑防工业振动技术规范》	GB/T 50452
64	《混凝土结构耐久性设计规范》	GB/T 50476
65	《工业企业设计卫生标准》	GBZ 1
66	《节水型生活用水器具》	CJ/T 164
67	《污水排入城镇下水道水质标准》	GB/T 31962
68	《环境影响评价技术导则城市轨道交通》	HJ 453

69	《500 kV超高压送变电工程电磁辐射环境影响评价技术规范》	HJ/T 24
70	《环境影响评价技术导则输变电工程》	HJ 24
71	《钢筋机械连接技术规程》	JGJ 107
72	《民用建筑电气设计规范》	JGJ 16
73	《铁路工程结构可靠性设计统一标准（试行）》	Q/CR 9007
74	《铁路桥涵设计规范》	TB 10002
75	《铁路隧道设计规范》	TB 10003
76	《铁路混凝土结构耐久性设计规范》	TB 10005
77	《铁路电力牵引供电设计规范》	TB 10009
78	《铁路桥梁钢结构设计规范》	TB 10091
79	《铁路线路设计规范》	TB 10098
80	《铁路钢桥保护涂装及涂料供货技术条件》	TB/T 1527
81	《机车车辆电气设备电磁兼容性试验及其限值》	TB/T 3034
82	《公共场所集中空调通风系统卫生规范》	WS 394
83	《固定电话交换网工程设计规范》	YD 5076
84	《高层住宅设计规范》德国	
85	《单轨构造设计指南》日本	

四川省工程建设地方标准

悬挂式单轨交通设计标准

Standard for design of suspended monorail transit

DBJ51/T 099-2018

条 文 说 明

制定说明

四川省工程建设地方标准《悬挂式单轨交通设计标准》DBJ51/T099—2018，经四川省住房和城乡建设厅2018年8月15日以川建标发〔2017〕670号公告批准发布。

根据四川省住房和城乡建设厅《关于下达工程建设地方标准〈四川省悬挂式单轨交通技术标准〉编制计划的通知》（川建标函〔2017〕792号）的要求，西南交通大学、中唐空铁集团有限公司、中铁第六勘察设计院集团有限公司、中车南京浦镇车辆有限公司、中铁宝桥集团有限公司、上海富欣智能交通控制有限公司、四川鑫唐新能源科技有限公司、中车资阳机车有限公司等研究、设计、制造、施工单位，对悬挂式单轨交通系统技术进行了调查研究，在总结我国第一条悬挂式单轨交通试验线工程实践经验、科研成果以及通过行车试验取得的车辆、线路、道岔、轨道梁桥、通信信号等重要参数的基础上，汲取国内外建设地铁、轻轨和其他类型城市轨道交通系统的先进技术和成功经验，编制了四川省地标《悬挂式单轨交通设计标准》。

为便于广大设计、施工、科研、学校等单位在使用本标准时能正确理解和执行条文规定，《悬挂式单轨交通设计标准》编制组按章、节、条顺序编制了本标准的条文说明，对条文规定的目的、依据以及执行中需注意的有关事项进行了说明。但是，本条文说明不具备与标准同等的法律效力，仅供使用者作为理解和把握标准规定的参考。

目 次

1 总 则 ············· 211
2 术 语 ············· 214
3 运营组织 ············· 215
　3.1 一般规定 ············· 215
　3.2 系统运能 ············· 216
　3.3 行车组织 ············· 216
　3.4 运营配线 ············· 217
　3.5 运营管理 ············· 218
4 车 辆 ············· 219
　4.1 一般规定 ············· 219
　4.2 安全和应急设施 ············· 219
5 限 界 ············· 221
　5.1 一般规定 ············· 221
　5.2 基本参数 ············· 222
　5.3 建筑限界 ············· 222
6 线 路 ············· 224
　6.1 一般规定 ············· 224
　6.2 线路平面 ············· 225
　6.3 线路纵断面 ············· 229
　6.4 配线、车场线及道岔 ············· 232
7 轨道梁桥 ············· 233

	7.1 一般规定	233
	7.2 结构变形及沉降限值	236
	7.3 荷　载	238
	7.4 构造要求	240
8	道　岔	241
	8.1 一般规定	241
	8.2 道岔分类	241
9	车站建筑	242
	9.1 一般规定	242
	9.2 车站平面	243
	9.3 车站出入口	243
	9.4 人行楼梯、自动扶梯、垂直电梯	244
10	高架车站结构	245
	10.1 一般规定	245
	10.3 设计原则	245
	10.4 构造要求	245
11	地下结构	247
	11.1 一般规定	247
12	工程防水	248
	12.1 一般规定	248
13	通风与空调	249
	13.1 一般规定	249
	13.2 通风与空调系统	251
14	给水与排水	253
	14.1 一般规定	253

14.2　给水系统 ································· 253
　　14.3　排水系统 ································· 254
　　14.4　车辆基地给水与排水 ······················· 255
15　车站其他机电设备 ······························· 256
　　15.1　自动扶梯与自动人行道 ····················· 256
　　15.3　站台门 ··································· 256
16　供　　电 ······································· 257
　　16.1　一般规定 ································· 257
　　16.2　变电所 ··································· 257
　　16.6　动力与照明 ······························· 258
17　通　　信 ······································· 259
　　17.1　一般规定 ································· 259
　　17.2　传输系统 ································· 259
　　17.3　公务电话系统 ····························· 260
　　17.5　无线通信系统 ····························· 261
　　17.8　视频监视系统 ····························· 261
　　17.9　集中告警系统 ····························· 261
　　17.10　办公自动化系统 ··························· 262
　　17.11　乘客信息系统 ····························· 262
　　17.12　电源及接地系统 ··························· 263
　　17.13　通信用房技术要求 ························· 264
18　信　　号 ······································· 265
　　18.1　一般规定 ································· 265
　　18.2　系统要求 ································· 265
　　18.8　车辆段/停车场信号系统 ····················· 266

19	自动售检票系统	267
	19.1 一般规定	267
	19.2 自动售检票系统的构成	268
20	环境与设备监控系统	269
	20.1 一般规定	269
	20.2 系统设计原则	269
	20.4 硬件设备配置	270
	20.5 软件基本要求	271
	20.6 系统网络结构与功能	272
	20.7 系统布线及接地	273
21	风力监测系统	275
	21.1 一般规定	275
	21.4 其他	275
22	综合运维管理系统	276
	22.1 一般规定	276
	22.2 系统功能	277
	22.3 系统组成	278
	22.4 软件要求	278
	22.5 接口要求	280
23	运营控制中心	281
	23.1 一般规定	281
	23.2 功能分区与总体布置	281
	23.3 建筑与装修	283
	23.6 通风、空调	283
	23.7 供电、防雷与接地	284

24	车辆基地	285
24.1	一般规定	285
24.2	车辆段与停车场的功能、规模及总平面布置	290
24.3	车辆运用整备设施	293
24.4	车辆检修设施	293
24.5	车辆段设备维修和动力设施	294
24.6	综合维修中心	294
24.8	培训中心	294
25	防　灾	295
25.1	一般规定	295
25.2	建筑防火	295
25.4	消防给水	296
25.5	灭火装置	297
25.7	防烟、排烟与事故通风	297
26	环境保护	300
26.1	一般规定	300
26.2	规划及工程环境保护	301
26.3	环境保护措施	301

1 总　则

1.0.3 悬挂式单轨交通工程必须符合城市总体规划和相关专项规划要求。在具体线路选择中应以客流预测为依据，最大限度地吸引客流，创造最大的社会效益及经济效益。

1.0.4 轨道交通的客运量随着城市规模或旅游景区发展逐步增长。轨道交通建设项目的设计年限按项目建成通车年为基准年，可分为初期、近期和远期。初期为建成后的第 3 年；近期为第 10 年；远期为第 25 年。设计年限划分为初期、近期和远期，其目的为经济合理地分阶段进行投资建设。

1.0.5 对于后期扩建困难很大或再次施工时对周边环境会带来很大不利的工程应一次建成，如地下车站、地下区间隧道、存车、折返线的设置、高架桥梁等。

当客流量尚未到达预测增长值时，所配置的设备、规模可考虑分期实施，以节约初投资，但必须留有可加设的条件，如地面车辆段、停车场、地面及高架车站土建、车辆、供电、行车自动化系统、自动售检票机等的增设。

1.0.6 为保证高通过能力及安全行车，线路应采用上、下分行的双线和全封闭线路；全封闭线路指在线路运行权属范围内的区域，与线路无关的任何事物不得进入。

1.0.8 悬挂式单轨交通在建造和运营方面的突出优点为占地少、适应性强、投资小、工期短、噪声低，特别适合于中小城市交通干线、大城市交通接驳、旅游景区观光线路，一般以高架方式敷设，最大限度地发挥其技术优势，降低工程造价，在某些特殊地段也可以隧道形式穿越。在大跨度地段当简支梁结构不能满足要求时，也可采用其他桥梁结构形式。

1.0.9 《铁路工程结构可靠性设计统一标准（试行）》Q/CR 9007—2014 中明确规定了铁路桥涵主体结构的设计使用年限为 100 年。悬挂式单轨交通工程的主体结构工程，如桥建合一的车站、地下结构、高架结构、运营控制中心等设施的设计使用年限应不低于 100 年。本条文设计使用年限 100 年是指在一般维护条件下，能保证主体结构及无法更换或因更换会严重影响运营的土建工程正常使用的最低时段。

1.0.10 根据《中华人民共和国防震减灾法》、《地震安全性评价管理条例》及《城市轨道交通技术规范》GB 50490，悬挂式单轨交通建设工程必须进行地震安全性评价。经审定后的地震安全性评价结果，应作为建设工程抗震设防依据。

1.0.11 悬挂式单轨交通是城市和景区交通系统的组成部分，当遭受洪水侵蚀、冲垮路基、冲刷桥墩基础及洪水带来的漂流物、船只对桥墩撞击时，将使整个工程运营不安全乃至工程被破坏，影响正常的运营，同时维修工作时间长，费用高。因此，要求跨河流和临近河流的悬挂式单轨交通的地面与高架工程，应按 1/100 的洪水频率标准进行设计，并考虑桥墩防撞措施。

1.0.12 车辆段、控制中心、主变电所的统筹安排、资源共享是指按照统一规划，形成几条线车辆大架修的集中，几条线合建一座主变电所和一个控制中心管辖几条线，从而达到节约投资、便于集中管理的目的。

1.0.14 由于悬挂式列车在区间发生火灾及其他灾害时,相对于其他轨道交通而言,救援难度较大,因此,悬挂式交通工程设计中必须配置火灾及其他各类灾害、事故、故障的防范和救援设施。

2 术 语

本章收编的术语主要是悬挂式单轨交通系统特有的专用术语，一般轨道交通常用的术语部分收编。对于悬挂式单轨交通专用术语的表达和解释，本标准遴选了国际和国内常用的中、英文词汇和释义；对不同国家和地方已采用的不同英文词汇，本标准经研究提出推荐词汇；同时，对各技术专业的术语，本标准在编写中注意了与相关专业相似术语表达的一致性。

3 运营组织

3.1 一般规定

3.1.1 概念设计是为具体的设计工作确定目标，且最终合理地完成工程设计和建设的重要前提。对于复杂的悬挂式单轨交通系统，在各个分系统功能和规模确定之前，应根据各种前提条件对整个系统进行一种整体性的、在一个总体目标基础上以需求为基点的、具有良好匹配性的、系统性的设计和研究。其内容应该以运营管理需求为基点，包含设计标准、管理模式、功能匹配、工程方案等。

3.1.2 悬挂式单轨交通客流预测是进行运营组织设计的必备条件，是确定运营规模、工程规模和管理方式的基本依据，应根据城市线网规划和交通规划满足相关规范要求，数据应翔实完整。当发生特殊情况时，应重新进行客流预测或修正。

3.1.3 悬挂式单轨交通运营不仅要考虑正常的运营状态，还要考虑系统故障状态时的非正常运营状态以及遇到突发事件时的紧急运营状态。

非正常运营状态是指超出正常范围，但又不至于直接危及乘客生命安全，对车辆和设备不会造成大范围的严重破坏，整个系统能够维持降低标准运营的系统运行状态，主要包括列车晚点、区间短时间堵塞、车站乘客过度拥挤、线路设备故障、列车故障、沿线系统设备故障等。

紧急运营状态是指发生了直接危及乘客生命安全、严重自然灾害或系统内部重大事故，造成系统不能维持运行的情况，主要包括火灾、地震、列车运营事故、设备重大事故等。

3.1.7 本条文规定了一般情况下悬挂式单轨交通系统确定线路上、下行方向的办法。

3.2 系统运能

3.2.2 根据目前悬挂式单轨交通设备的信号、道岔等的技术条件，悬挂式单轨交通系统设计最大能力可达到 30 对/h，不排除以后提高的可能。

3.2.6 系统的配属车辆由运用车、检修车和备用车合计而成。一般情况下，检修和备用车数量在设计中通常按运用车数的 15%～25%考虑，初期采用 25%增加配车；近期取 10%控制投资，远期取 20%为发展留出余地。

3.3 行车组织

3.3.1 列车运行通常是在司机监控下的运行。

3.3.4 列车编组主要根据各年限客流量及车辆运输能力确定。采用单一编组模式有助于提高信号、站台门系统以及扩编后列车性能的稳定性。由于悬挂式单轨交通主要为高架线路，为降低对景观的影响，建议最大列车编组长度不宜大于 100 m。

3.3.7 不同编组列车进站速度应根据具体情况确定。

列车不停车过站的速度应该根据站台门结构强度、车站形式、车辆及设备限界要求等因素综合确定。一般情况下，考虑限界、经济方面的因素，列车在不停站通过设有站台门的车站时，运行速度不宜超过 30 km/h。正常进站停车速度小于不停站运行速度，由列车性能、编组和站台来确定。

为尽快将故障列车送至故障车待避线，既要适当提高速度，为后方列车恢复跟踪运行创造条件，又要保证故障及推行列车的运行安全，推送速度不宜大于 30 km/h。

3.3.8 列车在平面曲线上的运行速度由下列公式确定：

$$v^2 = 3.6^2(a + g\tan\alpha)R \tag{1}$$

式中 v——列车过曲线的速度（km/h）；

a——允许未被平衡的离心加速度（m/s²）；

α——车体横向偏移的最大角度（°）；

g——重力加速度，9.81 m/s²；

R——曲线半径（m）。

根据乘客乘坐舒适度、车辆最大偏角等因素综合考虑，a 取 0.4 m/s²，α 取 6°，则有 $v = 4.31\sqrt{R}$。在保证安全的前提下，局部区域可根据车辆、轨道、维修、环境条件适当提高列车通过平面曲线的速度。

3.4 运营配线

3.4.5 为了保证列车从车辆段出入线方便地到达左右两线，或正线能够方便进入车辆段或停车场，出入线应该能连通上下行正线且为保证车辆出入方便和相互备用，尽端式车辆段一般均采用双线出入线。

贯通式车辆段由于两端均有出入线，因此可以采用两端各设置一条单线的形式。但根据贯通式车辆段或停车场在线路上的位置和接轨条件，一般在主要方向上仍建议采用双线出入线。

3.4.6 悬挂式单轨交通由于道岔设置的特殊性以及道岔造价高等因素，若对于列车发生故障时救援时间的要求不高时，辅助配线的设计密度可适当低于钢轮钢轨交通系统。

故障列车停车线的间隔距离宜按故障列车按 25 km/h～30 km/h 的运行速度计，以走行时间不大于 20 min 为控制目标，故限制设有故障车待避线的车站间距为 8 km～10 km。计算距离时，不影响正常运营的折返线（有存车条件）、出入场线接轨站均可考虑为停车线。

3.5 运营管理

3.5.2 参考国内地铁运营定员标准不大于 80 人/km、轻轨运营定员标准不大于 40 人/km 和有轨电车运营定员标准不大于 20 人/km，结合悬挂式单轨交通特点和实际运营情况，提出定员指标不高于 40 人/km，首条线路定员指标可适当放宽。

3.5.6 计程票价是体现公平付费的合理方式，同时能够适当地降低运营费用。采用自动售检票系统，为计程票价提供了技术手段上的支持，可对票务收入和客流数据进行统计，同时也为运营管理提供了非常及时的运营数据，对运营管理合理制订运营计划、合理判定运营风险和安排运营保障性工作是十分必要的。景区观光线路票价宜根据国家景区票价相关标准制定。

4 车　辆

4.1 一般规定

4.1.3 目前，车辆形式较多，各车辆制造厂的车辆参数不尽相同。本条表中给出的各项参数仅供参考，具体参数可结合工程情况进行调整。

走行轮直径与导向轮直径中关于旧轮直径的参数仅用于计算限界时使用，不作为走行轮和导向轮更换和报废的依据。

定员中 4 人/m^2、6 人/m^2 指每平方米有效站立面积的人数。考虑到悬挂式单轨交通可应用于旅游观光线路，适当降低站立标准，可以显著提高乘客乘坐舒适度。

4.1.7 本条规定了列车在最不利的条件下发生三种可能的故障时运行的能力，目的是使列车发生故障时不致造成系统混乱。

4.1.9 车辆结构是指车体、转向架构架等金属构件，是车辆最重要的部件，应有足够长的寿命，但要求寿命过长会造成重量过重、体积过大，所以需要规定一个经济合理的寿命。本条规定车辆结构的设计寿命不低于 30 年，是根据以往成熟的经验确定的。本条的规定不包括其他部件，因为其他部件如橡胶件、电气部件等使用寿命达不到 30 年，需在适当的修程中更换。

4.2 安全和应急设施

4.2.2 本条提到的"缓降设施"是指在紧急情况下把停在高

架轨道梁上的车辆中的乘客缓缓撤退到地面的装置。它类似在火灾时消防队用的把乘客从高楼缓降到地面的装置。

4.2.4 当列车出现故障或发生灾情时，为避免列车运行而导致事故加重，乘客必须就地快速疏散。可采取下列疏散方式：

1）纵向救援。当列车在区间发生故障或灾害情况，并且完全不能前进时，同一线路上的救援列车从故障列车前部或者尾部接近故障列车，打开司机室前端的紧急疏散门，伸出带有保护栏杆的渡板，形成逃生通道。乘客在司机的指挥下，通过逃生通道疏散至救援列车内，然后救援列车行驶至最近车站，引导乘客疏散。

2）横向救援。在复线区间的线路上，当列车出现故障不能够继续前进时，平行线路上的救援列车停在故障列车一侧，并将列车之间的侧门位置打开一定的宽度，把渡板伸出车厢侧门，构成带扶手的救援通道，乘务人员指挥乘客通过救援通道疏散到救援列车。

3）垂向救援。在车辆地板面留有逃生出口（窗），平时逃生出口关闭，当列车发生事故需要疏散乘客时，司机将地板面上的逃生出口打开，将逃生设施放下，乘客通过逃生设施依次下降至地面。

列车要从防火设计上尽可能避免火灾的发生及蔓延，一旦发生不可避免的情况时，列车设计应考虑客室内消防设施防止火势蔓延，紧急通风窗开启，并将乘客通过纵向、横向及垂向救援方式就地快速疏散，同时考虑悬挂式单轨交通专用消防列车的启用和社会消防力量的参与，控制火势。

4.2.7 设置本条文的目的是防止列车在运行中开启客室车门或客室车门没有全关闭就启动列车，消除由此带给乘客的危险因素。

5 限 界

5.1 一般规定

5.1.2 车辆限界在隧道内和隧道外的区别在于隧道内限界计算不考虑风荷载,而隧道外限界计算要考虑风荷载。计算区间车辆限界时按列车最高运行速度考虑,站台计算长度内车辆限界计算则考虑限速要求。

5.1.3 列车在运行中因机械故障产生车体额定倾斜或高度变化,此类故障主要指一系悬挂或二系悬挂意外损坏,以计算最大值为设备限界包络线。

5.1.4 本条对建筑限界按工法不同进行了分类。建筑限界不含测量、施工等各种误差及结构位移、沉降和变形等因素,在结构设计中应按施工条件和地质条件外放一定裕量。

5.1.5 本条只对双线矩形隧道、双线马蹄形隧道、双线圆形隧道、双线高架桥的线间距提出最低要求,不涉及单洞单线隧道和单线桥之间的线间距。

5.1.6 附录 B 中车辆轮廓线及车辆限界由车辆厂家提供。直线地段设备限界与车辆限界之间,应留安全间距。车体下边梁横向间距为 120 mm;车体下边梁向下间距应为 60 mm;车体顶部向上应为 50 mm;车体肩部横向间距应为 60 mm;车体肩部与车体下边梁之间采用线性变化,相距 60 mm ~ 120 mm 构成设备限界。附录 C 中车辆轮廓线、车辆限界及设备限界由车辆厂家提供。

目前，车辆形式较多，各车辆制造厂的车辆参数不尽相同，本标准中给出的限界图仅供参考，具体工程需结合实际情况，制定相应的车辆轮廓线、车辆限界、设备限界和建筑限界。

5.2 基本参数

5.2.1 本条规定的车辆参数，仅供限界设计使用。它与第4章中车辆参数不完全一致，但并不矛盾。如带司机室的头车，长度较长，但车头形状有削减量，车头外形的任意点都应包含在计算车体长度范围内。

5.3 建筑限界

5.3.2 隧道外的区间建筑限界，包括高架线和U形槽地段，均按照隧道外车辆设备限界设计。

5.3.6 道岔区建筑限界加宽量，是指列车在道岔侧股上运行时产生的内外侧加宽量。它由曲线几何加宽量、列车以过岔速度运行时产生的偏转角以及悬挂系统在过岔时的横向位移量等数值相加而成。当车辆设备限界至底部构筑物之间的净空不足200 mm时，应局部加高建筑限界高度。

5.3.7 车站直线地段建筑限界：

1 站台面高度应根据车辆厂家提供的参数，包括车辆空车、重车及新车、旧车客室地板面高度差，并考虑轨道梁磨耗及施工误差及弹性变形量，综合考虑后确定。

3 站台计算长度端部为限界计算的分界点，站台计算长度内按车辆限界制定站台建筑限界,站台计算长度外按区间设备限界制定建筑限界。

5.3.8 曲线地段车站站台需根据曲线半径计算加宽量,曲线站台边缘与车体之间的间隙大于直线地段,不利于乘客的安全,因此在可能的情况下应尽量避免设置曲线站台。在确因条件限制必须设置曲线站台时,应尽量选取大半径曲线,减小站台与车体之间的间隙。

5.3.9 车辆基地限界

2 库内检修平台应尽量靠近车体以减小平台边缘与车体之间的间隙,保证工人作业的安全,但同时又应保证车辆安全入库,不与平台发生擦撞,因此规定平台不得侵入车辆限界。

6 线　路

6.1 一般规定

6.1.1 悬挂式单轨交通的线路类别主要根据其在运营中的地位和作用来划分，正线（干线与支线）为载客运营的线路，行车速度高、密度大，且要保证行车的安全和舒适，因此线路标准较高；配线是为保证正线运营而配置的线路，一般不行驶载客车辆，速度要求较低，故线路标准较低；车场线是设在车辆基地（或停车场）内，提供列车停、检、修的线路，或各种维修车辆停放的线路。

6.1.2 线路基本走向的选定应在总体规划和相关专项规划的基础上进行研究，应符合主客流流向，串联主要客流集散点，方便与其他交通线路的换乘。

　　线路平面位置和高程应综合考虑现状与规划的道路、地面建筑物、管线和其他构筑物、文物古迹和环境保护要求，使其相互影响降至最低程度，并争取得到良好的结合。悬挂式单轨交通为高架线路，对环境和景观、地形地貌的要求较高，影响较大；工程地质和水文地质、采用的结构类型直接影响着施工方法的确定，而施工方法又会影响线路平面的布置；同时，线路平面位置和高程还需考虑运营管理的要求。因此，线路设计应综合考虑诸多方面的因素，使确定的方案既经济合理，又有利于使用和运营管理。

6.1.3 在中心城市外围，道路红线较宽（达 50 m 以上）的城市主干道两侧，建筑物必须后退至道路红线外 5 m~10 m，实际建筑物的最小间距可能为 60 m~70 m。在这种情况下，当高架线设在道路中间，列车以 50 km/h 通过时，到达两侧楼房的计算等效声级应符合环境噪声限值标准要求。悬挂式单轨高架线的设计需处理好与城市道路红线及其道路断面的关系，保证城市道路交通要求；同时，合理设计其结构外缘距建筑物的距离，控制对附近居民的环境影响。

6.1.5 悬挂式单轨交通由于其特殊性，无法与其他单轨交通线路平面交叉，也不能与其他交通线路平面交叉，必须采用立交，以避免发生敌对运行，保障行车安全。

6.1.7 为了列车安全运行，利于乘车操作、运营管理、维修及公共安全，应在全线区间、车站及车场等处设置线路、信号机控制测量等标志、标线。

6.2 线路平面

6.2.2 为提高乘客舒适度，减小轮胎磨耗，提高正线线形标准，正线上的平面曲线宜优先采用大半径曲线。曲线半径的选定与线路性质、车辆性能、行车速度、周边地形、地形地物等条件有关，其大小直接影响悬挂式单轨交通的工程造价、运行速度、乘客舒适度以及运营成本等。

结合国内外铁路、地铁列车未被平衡离心加速度的测试结果分析，推荐悬挂式单轨未被平衡的离心加速度采用 0.4 m/s^2，并对悬挂式单轨列车进行受力分析,得到其通过曲线时的速度-半径关系：

$$R = v_{x1}^2/(a_{y\text{未}} + g\tan\alpha_{\max}) = v_{x2}^2/[3.6^2(a_{y\text{未}} + g\tan\alpha_{\max})]$$

式中　　R——线路曲线半径（m）；

　　　　g——重力加速度（9.8 m/s²）；

　　　　v_{x1}——列车纵向通过速度（m/s）；

　　　　v_{x2}——列车纵向通过速度（km/h）；

　　　　$a_{y\text{未}}$——横向 Y 轴方向未被平衡的离心加速度（m/s²）；

　　　　$\alpha_{\max}$——车体横向偏移的最大角度（°）。

列车最高运行速度为 65 km/h，限速为 60 m/h 时，线路正线最小曲线半径一般不小于 200 m；列车最高运行速度为 80 km/h，列车限速为 75 km/h 时，线路正线最小曲线半径一般不小于 300 m；困难情况下可采用限速 30 km/h 通过曲线，则曲线最小半径为 50 m，特别困难情况下，可采用最小半径 30 m。

因此，线路正线最小曲线半径一般不小于 200 m，不宜小于 50 m，极限情况下可采用 30 m。

6.2.4　直线与曲线之间，为避免线路曲率的急剧变化，需要在圆曲线段和直线段间设置缓和曲线。根据轮轨系统的设计运营经验，三次方程的抛物线形是使曲率半径由∞—R 过渡的合理线形。困难条件下，可采用复曲线。复曲线是两种不同半径的同向曲线直接连接，存在曲率的突变点，对列车运行平滑性不利。若要采用，必须设置中间缓和曲线，达到曲率半径的缓和过渡。

6.2.5　根据曲线半径、缓和曲线长度与速度之间的关系，曲线地段悬挂式单轨交通车辆的离心加速度为：

$$a_y = v_{x1}^2/R \tag{2}$$

离心加速度变化率：

$$\varepsilon = a_y/t = v_{x1}^3/(R \cdot L) \tag{3}$$

列车通过缓和曲线时间（s）：

$$t = L/v_{x1} \tag{4}$$

由以上三个式子可得：

$$L = v_{x1}^3/(\varepsilon \cdot R) \tag{5}$$

取 $\varepsilon = 0.03 \text{g/s} \approx 0.3 \text{ m/s}^3$

则式（5）转化为

$$L = v_{x2}^3/[0.3 \times (3.6)^3 \times R] \approx v_{x2}^3/(14R) \tag{6}$$

式中 L——缓和曲线长度（m）；

v_{x1}——列车设计运行速度（m/s）；

v_{x2}——列车设计运行速度（km/h）；

R——曲线半径（m）。

由式（6）计算得出的缓和曲线长度表如本条文中的表 6.2.5 所示。

悬挂式单轨交通采用悬挂车体，车体可自由摆动适应离心力变化，在曲线半径大于或等于 1500 m 时，按最高速度 65 km/h 计算，离心加速度为 0.217 m/s²，不设缓和曲线时，对舒适度影响不大，故规定最高速度为 65 km/h，缓和曲线半径大于或等于 1500 m 时，可不设缓和曲线。按最高速度 80 km/h 计算，半径 2500 m 时，离心加速度为 0.198 m/s²，不设缓和曲线，对舒适度影响不大，因此最高速度为 80 km/h，曲线半径采用 2500 m 及以上时也可不设缓和曲线。

缓和曲线长度太短，将给乘车舒适度带来显著的影响。为使乘客乘坐舒适，按圆曲线半径及车辆运行速度来规定缓和曲线最小长度，采用不小于 20 m、困难情况下不小于一节车长的缓和曲线长度。若条件允许，最好与轨道梁长度协调一致，避免一根轨道梁跨越三种线形，对结构设计不利。通常情况下，轨道梁为 20 m 或 25 m 的标准等截面，因此缓和曲线长度不应小于 20 m。

6.2.6 车站应设置在直线上，但在困难地段需设于曲线上时，一方面由于车辆偏移使车辆车门与站台边缘间距加大，会使乘客感到不安全，且间距加大也存在安全隐患；另一方面，车站设在曲线上，站台的通视条件也不好，故车站应避免采用小半径曲线。

按限界设计规定，曲线车站不设站台门时，车辆与站台边缘间隙不大于 180 mm，按车辆参数计算，并综合考虑站台通视条件，站台最小曲线半径确定为 400 m；曲线车站站台设站台门时，车辆与站台门间隙不大于 180 mm，按车辆参数计算，站台最小曲线半径确定为 800 m。

6.2.7 在城市建设的悬挂式单轨交通通常设在既有道路上，由于既有道路标准可能与单轨标准不一致，线路完全走在道路中间难度较大，故选定线路受到很大制约，曲线长度也往往受到限制。

由于在圆曲线上曲率不变，车辆摆幅值变化很小，因此曲线较长有利于车辆平稳运行、提升乘坐舒适度。一般情况下，正线圆曲线长度不应小于一根轨道梁长度，以避免一根轨道梁上存在三种线形，降低轨道梁设计、制造和安装难度。

同样，夹直线最小长度也参照圆曲线长度设置。

6.3 线路纵断面

6.3.3 参考《铁路线路设计规范》TB 10098—2017 第 6.4.7 条之规定，最大坡度应考虑平面曲线坡度折减及隧道坡度折减，并给出了具体的计算方法和折减系数。

悬挂式单轨交通不存在隧道坡度折减，但当平面上出现曲线时，由于附加力增大，黏着系数降低，需要将线路最大坡度值适当减缓，才能保证列车在不低于规定的速度下通过该路段。因此，在线路纵断面设计中应考虑最大坡度的曲线折减。

6.3.4 悬挂式单轨交通线路坡段长度受两种因素制约：一是不宜小于远期或客流控制期列车长度；二是满足两个竖曲线之间的夹直线长度。其目的都是使一列车运行线路不会出现两种以上坡段、坡度及竖曲线，列车经过竖曲线引起的列车振动经过夹直线衰减不会与下一个竖曲线叠加。由于悬挂式列车编组长度一般都较短，因此规定夹直线长度不小于 40 m，困难条件下不小于 20 m。

6.3.5 车站纵坡设置应符合下列要求：

1 车站站台范围内的线路设在一个坡道上，是为了保证线路轨面与站台的高差相同。

2 车站站台设在平道上，可使车站停车平稳，便于站台门等设备的安装，困难情况下可设在不大于2‰的坡道上。

3 车站布置在纵断面的凸形部位上，有利于出站下坡加速，进站上坡减速，符合节能坡理念。但进出站的坡度、坡长和变坡点应予合理设置，应从牵引计算反馈验证。

6.3.6 竖曲线设置应符合下列要求：

1 本标准纵坡变化率仍按《地铁设计规范》GB 50157—

2013要求，当坡度差大于等于2‰时，需要设置竖曲线，以提升乘客的乘座舒适性。

竖向加速度与行车速度、竖曲线半径之间的关系为：

$$a_{SH} = v_x^2/(3.6^2 \times R_{SH}) \quad (7)$$

$$R_{SH} = 0.077 v_x^2 / a_{SH} \quad (8)$$

式中 R_{SH}——竖曲线半径（m）；

v_x——行车速度（km/h）；

a_{SH}——竖向加速度（m/s²）。

根据国外资料，地铁竖向加速度 a_{SH} 的取值范围较宽，为 0.08 m/s² ~ 0.3 m/s²，但未见对舒适度的实测数据和感觉的评价。悬挂式单轨交通竖向加速度参照地铁，即 a_{SH} 取值为 0.08 m/s² ~ 0.3 m/s²。

当 a_{SH} = 0.08 m/s² 时，即：$R_{SH} = v_x^2$；

当 a_{SH} = 0.16 m/s² 时，即：$R_{SH} = 0.5 v_x^2$；

当 a_{SH} = 0.3 m/s² 时，即：$R_{SH} = 0.25 v_x^2$。

由以上可得竖曲线 R_{SH} 的计算值，如表1所示。

表1 竖曲线半径与竖向加速度、行车速度关系表

a_{SH}	v_x	40	45	50	55	60	65	70	75	80
0.08	$R_{SH} = v_x^2$	1600	2025	2500	3025	3600	4225	4900	5625	6400
0.16	$R_{SH} = 0.5 v_x^2$	800	1013	1250	1513	1800	2113	2500	2800	3200
0.3	$R_{SH} = 0.25 v_x^2$	400	506	625	756	900	1056	1300	1400	1600

按照乘客舒适度的要求，同时考虑工程的适应条件，悬挂式单轨交通的竖曲线半径以取 $R_{SH} = (0.5 \sim 1.0) v_x^2$ 为宜。当正线最高运行速度为80 km/h，实际最高运行速度在70 km/h左右时，

区间竖曲线半径宜采用 2500 m～5000 m。车站端部列车进站速度为 45 km/h 时，竖曲线半径宜采用 1000 m～2500 m。

2 车站站台有效长度内需要车辆地板面和站台面保持等高度，以保证乘客上下车的安全。同样，道岔也需保持平直线状态，为保证上述范围均不得设置竖曲线，因此将竖曲线与道岔梁端部保持 5 m 距离，作为实施误差。

3 竖曲线最小长度及相邻竖曲线间夹坡段长度均不应小于一辆车长度，同时应综合考虑轨道梁跨度，不宜小于 20 m。

4 竖曲线和平面缓和曲线不宜重叠主要是考虑降低轨道梁制造难度及后续维护工作量。

6.3.7 1）长大坡度对列车运行不利，需要对不同运行状态进行分析。首先考虑列车故障时，在大坡道上车辆的编组和动力（牵引和制动）性能以及列车的制动停车和再启动能力，及其互救能力等。其次要评价：在正常情况下，上坡运行时的速度发挥效率和旅行速度；下坡运行时对速度的限制和有效制动的安全性能。

2）根据车辆的规定：车辆的编组和动力（牵引和制动）性能，在定员（AW2）工况下，应满足在长大陡坡线路上正常安全运行，并应符合下列故障情况时运行的原则要求：

① 当列车丧失 1/4 或 1/3 动力时，列车仍能维持运行至线路终点。

② 当列车丧失 1/2 动力时，列车仍能在正线最大坡道上启动，并行驶至就近车站，列车清客后返回车辆段（场）。

③ 当列车丧失全部动力时，在黏着允许的范围内，应能由另一列相同空载列车（AW0）在正线最大坡道上牵引（或推送）至临近车站，列车清客后被牵引（或推送）至就近车站配

线停车线临时停放，或返回车辆段（场）。

上述②和③是长大坡度和坡长检算的基本条件。

3) $F = f + ma = m(av^2 + bv + c) + ma$

式中　　F——列车总牵引力；

　　　　f——列车运行基本阻力，是速度平方的函数；

　　　　ma——是列车惯性力。

上述公式说明，列车在长大坡道上运行时，随着速度提高，基本阻力逐渐增大，直到与牵引力平衡。加速度为0时，可以计算出运行的距离和末速度，此时的坡度和坡长，基本属于正常运行状态。其中，对于长大坡度长度，可按列车损失1/2动力的故障运行状态，上坡运行加速度为0时，计算速度不小于30 km/h（接近故障车推行速度）确定，并不使其过分影响后续列车正常运行。由于各条线路条件和车辆动力配置均有差异，暂无统一规定，可在车辆订购时提出要求。

经粗略计算，在30‰坡道上坡方向，基本能适应上述条件。根据站点设置关系、电机性能，采取坡段高差24 m作为门槛，作为长大陡坡的概念；超出范围时，应根据线路条件和车辆动力配置进行检算。

6.4　配线、车场线及道岔

6.4.3　4　由于道岔结构特殊，若安装在坡道上，势必对道岔的受力状况及安装精度提出更高的要求。因此，规定当线路条件能满足时应尽可能地将道岔设置在平坡上，当受地形条件限制确有困难时，可设在不大于3‰的坡道上。

7 轨道梁桥

本章适用于悬挂式单轨交通的轨道梁桥、组合桥及道岔桥的结构设计；本章未包括的内容参照现行铁路桥涵设计系列规范执行。

7.1 一般规定

7.1.4～7.1.5 轨道梁是引导列车行驶并承受列车荷载的结构。线路的平、纵、竖曲线直接在梁体上实现，曲线地段车体通过横向摆动平衡离心力，走形轨面不设超高。轨道梁内部截面尺寸应满足列车转向架尺寸的要求。

同时，轨道梁可兼作系统设备的通道。当采用接触轨供电时，轨道梁内部安装有供电系统接触轨。通信、信号电缆和光缆可安装于轨道梁内的支架上，轨道梁应预留电缆和光缆进出的通道。

7.1.7 组合桥需根据具体采用的结构形式，预留轨道梁安装吊架。区间的避雷接地根据需要在轨道梁桥上设置相关装置。

道岔桥和道岔平台上应该根据道岔要求预留控制机柜安装条件，并应根据道岔要求布置供电、通信、信号系统电缆沟槽。

7.1.9 对国内外建成运营的悬挂式单轨交通线路进行调研如下：

1）德国多特蒙特 1、2 号线共选用了 20 m、25 m、

30 m、36 m等几种跨度。全线共有116孔简支梁，其中，20 m跨度占28.4%，25 m跨度占52.6%，30 m跨度占12.9%，36 m跨度占6.0%，可以看出20 m～30 m为常用跨度。

2）德国杜塞尔多夫机场线共选用了15 m、20 m、25 m、30 m、35 m等几种跨度。全线共有102孔简支梁，其中：15 m跨度作为补充衔接跨度，仅有2孔；20 m跨度占19.6%；25 m跨度占66.7%；25 m以上跨度占11.7%。可以看出20 m和25 m为常用跨度。

3）成都新能源空铁试验线长1.41 km，直线标准梁采用25 m跨度；青岛悬挂式单轨交通试验线线路长880 m，直线梁也采用25 m跨度。

通过对多条悬挂式单轨交通线路调研发现，常用跨度为20 m～30 m。由于悬挂式单轨交通车辆转向架行走于轨道梁内，转向架构造尺寸直接决定了轨道梁的内部空间大小。通过对简支轨道梁计算分析，轨道梁设计受控于板件局部刚度和整体竖向刚度，强度富余较大。如缩小轨道梁标准跨径，梁体截面尺寸并不能减少，反而增加了桥墩个数，增大了总体用钢量；同时，桥墩个数增加会增加安装工作量，延长施工工期；另外，缩短跨径，桥墩布置较密，影响景观，同时也增加了桥墩占地。如增大标准跨径，虽可减少桥墩数量，但一方面需增加梁高和板厚，增加梁体用钢量；另一方面，轨道梁一般采用公路运输，根据成都新能源空铁试验线建设经验，受运输车辆长度所限和公路运输部门对超限车辆的管制要求，梁长不宜超过30 m。

因此，综合考虑钢材用量、运输条件、景观效果和施工工期等因素，道梁跨度宜采用20 m～30 m。

7.1.11 1)悬挂式单轨交通车辆悬挂于桥下,跨越铁路、道路和通航河流时,其桥下净空为建筑限界下端的净空,其示意见说明图 1。

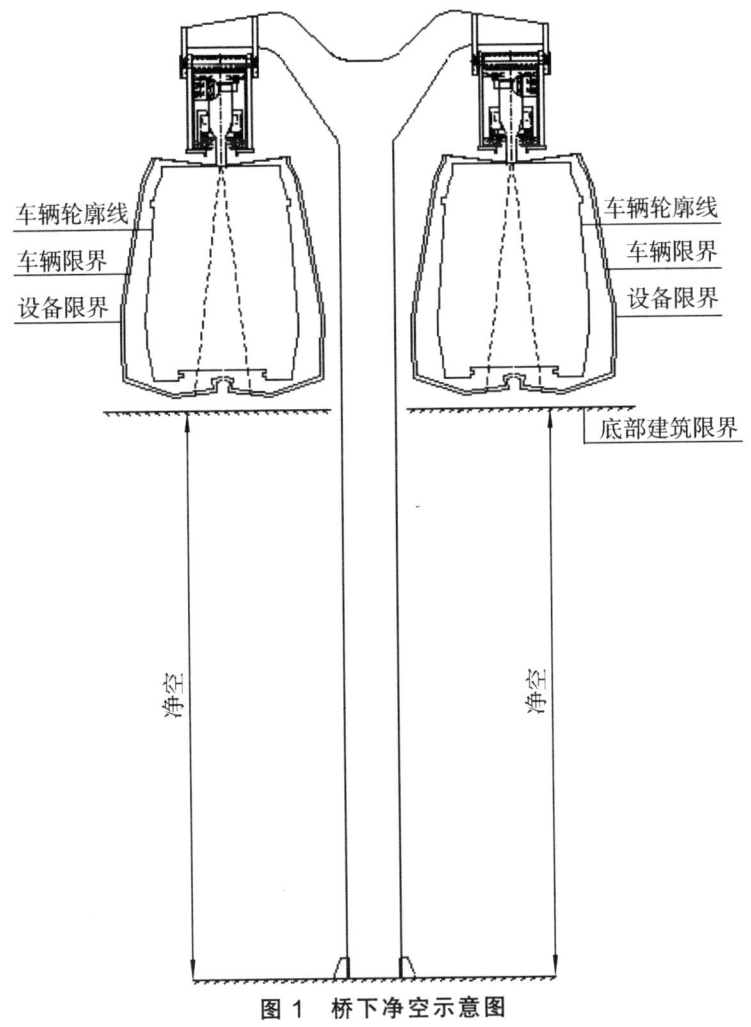

图 1 桥下净空示意图

2）桥下净空除考虑桥下铁路、公路和通航要求外，尚应考虑运营安全问题。在无上述交通要求的其他线路条件下，需根据工程沿线实际情况，设备限界下端应留有一定净空，避免安全隐患。

7.2 结构变形及沉降限值

7.2.1 1）《跨座式单轨交通设计规范》GB 50458—2008 第8.1.8条规定轨道梁在列车静活载作用下，其竖向挠度不应超过其跨度的 1/800。日本《单轨构造设计指南》中动载（不包括冲击荷载）引起的最大挠度控制值为跨度的 1/800。根据西南交通大学对成都新能源空铁试验线的《轨道梁桥动力性能试验测试报告》中 25 m 直线轨道梁测试结果，在列车静活载作用下，跨中竖向挠度为跨度的 1/1039，行车舒适度达到"良"。因此，本条规定轨道梁竖向挠度不超过跨度的 1/1000，对结构是安全的，也能满足行车舒适度要求。连续梁由于竖向变形是连续平顺的，故参照《铁路桥涵设计规范》TB 10002—2017 第 5.2.2 条，竖向变形限值取相同跨径简支梁的 1.1 倍。

2）道岔梁的竖向挠度和梁端竖向折角根据道岔类型及道岔系统对道岔梁变形的要求确定。

7.2.2 悬挂式单轨交通列车行驶速度较低，梁端转角变形对车辆行驶冲击较小，同时，轨道梁悬挂支点距梁端距离较短，梁端转角对梁间接缝影响较小。因此，本条对轨道梁单端竖向转角规定为3‰rad。根据西南交通大学对成都新能源空铁试验线的《轨道梁桥动力性能试验测试报告》中 25 m 直线轨道梁测试结果,活载作用下梁端竖向转角最大值仅为1.45‰rad。

7.2.3 我国对不同运营线路的铁路桥梁振动加速度没有系统完整的规定,在《铁路桥涵设计规范》TB 10002—2017中仅对桥梁垂向振动加速度限值作了规定。悬挂式单轨交通桥梁为钢结构,本标准参照《铁路桥涵设计规范》TB 10002—2017对桥梁垂向振动加速度控制限值,取为 $0.5g$。

7.2.5 《跨座式单轨交通设计规范》GB 50458—2008第8.1.10条规定桥墩墩顶横向水平位移差引起的轨道梁梁端水平折角不得大于2‰rad。根据西南交通大学对成都新能源空铁试验线的《轨道梁桥动力性能试验测试报告》中25 m直线轨道梁测试结果,梁端水平折角最大值为1.3‰rad。成都新能源空铁试验线墩柱均采用钢结构,最高墩高仅12 m,在列车荷载、横向摇摆力、离心力、风力和温度力等荷载最不利组合作用下,墩顶横向水平位移差引起的轨道梁梁端水平折角可满足不大于2‰ rad的规定。但如果桥墩加高,根据试算,在列车荷载、横向摇摆力、离心力、风力和温度力等荷载最不利组合作用下,墩顶横向水平位移差引起的轨道梁梁端水平折角很难再满足不大于2‰ rad的规定。参考《铁路桥涵设计规范》TB 10002—2017第5.4.5条及该条条文说明,对照国内外相关规定,德国规范对于160 km/h及以下速度的桥墩横向水平位移差引起的梁端水平折角无具体要求,日本规范对应于160 km/h速度的桥墩横向水平位移差引起的梁端水平折角限值为3.5‰ rad~4.0‰ rad。考虑到悬挂式单轨交通列车最高行车速度不超过80 km/h,桥墩横向水平位移差引起的梁端水平折角限值暂确定为4.0‰ rad,待国内具备足够的研究数据后,再行调整。

7.2.6 轨道梁底板及承轨面，类似于铁路的无砟轨道。本条参照《铁路桥涵设计规范》TB 10002—2017 第 5.4.6 条，按 200 km/h 以下无砟轨道相关规定执行。

7.3 荷 载

7.3.3 本条参照《铁路桥梁钢结构设计规范》TB 10091—2017 和《跨座式单轨交通设计规范》GB 50458—2008，并结合悬挂式单轨交通的工程特点进行了调整。

《铁路桥梁钢结构设计规范》TB 10091—2017 规定如表 2 所示：

表 2 各种外力组合容许应力的提高系数

序号	外力组合		提高系数
1	主力		1.00
2	主力+附加力		1.30
3	主力+面内次应力（或面外次应力）		1.20
4	主力+面内次应力+面外次应力		1.40
5	主力+面内次应力（或面外次应力）+制动力（或风力）		1.45
6	主力+地震力		1.50
7	钢梁安装	恒载+施工荷载	1.20
		恒载+施工荷载+风力	1.40
		恒载+施工荷载+风力+面内次应力（或面外次应力）	1.50

本标准荷载组合与《跨座式单轨交通设计规范》GB 50458

—2008基本相同,考虑到轨道梁桥主要为钢结构,不同荷载提高系数不超过1.50。

7.3.7 本条参照《跨座式单轨交通设计规范》GB 50458—2008和《铁路桥涵设计规范》TB 10002—2017关于动力系数的计算方法,并结合悬挂式单轨交通特点进行确定。

悬挂式单轨交通与其他钢制轮轨系统不同,悬挂式单轨车辆的走行轮采用橡胶轮胎,由轨道梁的底板作为走行面支承走行系统。走行面比较光滑,冲击力较小,悬挂式单轨交通车辆的动力作用要明显低于铁路和地铁列车。根据《跨座式单轨交通设计规范》GB 50458—2008第8.2.7条条文说明,跨座式单轨采用橡胶轮胎,确定的动力系数偏于安全,但考虑到悬挂式单轨交通轨道梁为钢结构,应高于跨座式的混凝土梁。根据西南交通大学对成都新能源空铁试验线的《轨道梁桥动力性能试验测试报告》中25 m直线轨道梁测试结果,轨道梁动力系数最大值约1.1。参考《铁路桥涵设计规范》TB 10002—2017关于钢结构动力系数的计算公式,对跨座式单轨的动力系数略作修正。

各种方法计算得到的动力系数如表3所示。

表3 各种方法动力系数计算值对比表

跨径(m)	本标准	跨座式单轨交通设计规范	铁路桥涵设计规范	实测结果
25	1.286	1.267	1.431	1.1

从表中可以看出,采用本标准计算方法得出的动力系数略偏于安全。目前暂按此方法确定动力系数,待取得更多试验数据后再进行修订完善。

疲劳计算时，运营动力系数参照《铁路桥梁钢结构设计规范》TB 10091—2017 第 4.3.1 条确定的方法采用。

7.3.9 悬挂式单轨交通由于不存在轨距加宽，车辆导向（稳定）轮约束于轨道梁腹板内侧，车辆蛇形运动非常小；车辆导向（稳定）轮采用橡胶轮胎，水平力的冲击也很小。本标准暂参照《跨座式单轨交通设计规范》GB 50458—2008 相关规定，待积累足够试验数据后，再行调整。

7.4 构造要求

7.4.2 悬挂式单轨交通轨道梁桥为钢结构，在开口箱梁外表面设置了等间距（1.5 m 左右）的加筋肋，在长期列车荷载作用下可能形成连续等波长的周期性不平顺。考虑到悬挂式车辆的轴距也为 1.5 m 左右，为保证行车的平稳性，有必要对走行面的短波长不平顺幅值加以限制。基于悬挂式单轨交通车桥耦合振动仿真分析，当轨道梁桥走行面不平顺波长为 1.5 m、幅值为 1.0 mm 时，车体振动的 Sperling 平稳性指标为 2.58，当不平顺幅值为 1.5 mm 时，车体振动的 Sperling 平稳性指标达到了 2.75。因此，为保证乘坐舒适性，同时考虑检测方便，本标准规定轨道梁桥走行面平顺度应小于 1.0 mm/m。

8 道 岔

8.1 一般规定

8.1.4 寒冷地带指最冷月平均温度满足 $-10\ ℃\sim 0\ ℃$，日平均温度 $\leqslant 5\ ℃$ 的天数为 $90\ d\sim 145\ d$ 的地区。

8.2 道岔分类

8.2.3 1）允许列车通行速度：

允许列车通行速度是在现有的车辆结构及轴重、道岔梁体结构条件下允许列车通过的速度。在后续车辆条件及道岔结构形式发生改变时可通过计算调整。

2）转换时间：

整体平移式道岔转换动作包括信号发出、解锁、平移、锁定、信号回馈全过程，这些动作按照时序分配总计需要 25 s（道岔解锁动作 5 s、道岔平移动作 15 s、道岔锁定动作 5 s）

芯轨回转式道岔转换动作包括信号发出、左侧翻转板翻转、随动轨解锁、芯轨提升、芯轨回转、补偿轨回转、右侧翻转板翻转、芯轨下压、随动轨锁定、信号回馈全过程，总计需要 15 s（侧面翻转板动作时间 4 s、芯轨提升及下落动作 4 s、芯轨及补偿轨回转动作 7 s，整个过程中互相不干涉的机构在同步进行动作）。

9 车站建筑

9.1 一般规定

9.1.3 超高峰设计客流量是指车站高峰小时客流量乘以 1.1~1.4 的系数，主要考虑高峰小时内进出站客流量存在不均匀性。本规定是假定高峰 20 min 内通过 37%~47%的高峰小时客流量，故取超高峰系数为 1.1~1.4。各国情况不同，采用的超高峰系数也不同，如匈牙利规定在高峰 15 min 内要加上高峰小时预测客流量 20%的增加值，即系数为 1.2，而法国规定最大系数为 1.6。本条中的"或客流控制时期的高峰小时客流量"，是指建设中的车站线近期的预测高峰小时客流量会出现大于全线网建成后的远期预测高峰小时客流量的情况，在设计中应考虑这一因素。

9.1.4 车站考虑无障碍设施，是关怀残障人的具体体现，主要为坐轮椅者和盲人乘车提供的服务设施。具体做法是设置垂直电梯或轮椅升降机、斜坡道、售检票设施、导盲设施、无障碍厕所等无障碍服务设施。由于无障碍电梯可兼顾老、弱、病、孕者使用，且从国内外使用情况看，很多携带行李乘客也经常使用，因此，站厅至站台的电梯设于付费区是最佳的选择。如站厅至站台的电梯设于站台长度中心位附近，既可以减短盲道的设置和长度，又方便列车在固定车厢设轮椅位。若采用轮椅升降机，不但使用管理不便也不能兼顾其他弱体人群使用，在没有特殊情况下不推荐使用。

9.1.5 悬挂式单轨交通车站一般建于条件便利的城区或配套

全面的景区，且体量一般较小。为控制工程造价，车站公共厕所仅作为选配，在条件允许的情况下，规模较大的车站可考虑设置公共厕所的设置。

9.2 车站平面

9.2.1 停车误差与列车采用人工驾驶或自动停车有关。一般不安装站台门时停车误差为 1 m～2 m，当采用站台门时停车误差必须控制在 ±30 cm 之内。

9.2.3 此条参考《地铁设计规范》GB 50157—2013 中"设于站台层的设备管理用房可伸入站台计算长度为不超过一节车厢长"的规定，结合悬挂式单轨交通车辆较短的特点，管理用房可伸入站台计算长度内的长度规定为"连续长度不超过一节车厢长"，对车站规模的控制可起到一定作用。具体设计时，应根据列车编组大小灵活处置，建议在列车不大于 8 节编组时，伸入站台计算长度不应超过一节车厢的长度，在小于 6 节编组时，其长度则不应超过半节车厢长度。

9.2.4 悬挂式单轨交通列车通常采用 2 辆或 3 辆编组为一个单元，配套有效站台长度通常不超过 50 m。本条参照《建筑设计防火规范》GB 50016 中观众厅、多功能厅、餐厅、营业厅等疏散距离要求，站台计算长度内任一点距最近梯口或通道口距离不得大于 30 m。

9.3 车站出入口

9.3.1 每个出入口宽度应按远期分向设计客流量乘以 1.1～

1.25 的不均匀系数来设计,不均匀系数与出入口数量有关,出入口多则应取上限值,出入口少宜取下限值。

9.4 人行楼梯、自动扶梯、垂直电梯

9.4.6 此条规定自动扶梯设置标准是最低标准,必须满足。

10 高架车站结构

10.1 一般规定

10.1.3 道路中间的车站方案应满足道路建筑限界要求,应考虑道路翻新导致道路建筑限界不够的情况。建议车站结构实际高度至少高于道路建筑限界 200 mm～300 mm。

10.3 设计原则

10.3.4 轨道交通高架车站设计使用年限按 100 年考虑,故抗震设防类别应划为重点设防。

10.3.6 桥建分离车站是指高架区间桥在车站范围内连续,并与车站结构(站台和站厅的梁、板、柱及基础)完全脱开,各自形成独立的结构受力体系的车站结构形式;桥建合一车站是轨道梁直接支承在车站横梁上,支承轨道梁的横梁、支承横梁的墩柱及基础受到列车动荷载很大影响的车站结构形式。

10.3.10 桥建分离车站,桩基设计建议按《铁路桥涵设计规范》TB 10002 规范考虑;桥建合一车站,桩基设计建议按《建筑地基基础设计规范》GB 50007 规范考虑。

10.4 构造要求

10.4.2 高架车站的纵向柱距取 10 m～15 m,主要为方便设计、简化构造考虑；当柱距大于 20 m 时，站台、站厅的纵向梁设计相当困难。

10.4.6 站台层、站厅层板厚取不小于 120 mm，主要考虑到板通常采用上下双层双向通长配筋，方便施工。

11 地下结构

11.1 一般规定

11.1.7 悬挂式单轨交通应尽量避免采用隧道,特殊情况下采用隧道时,为了减少悬挂式单轨交通占地,建议适当采用净间距隧道(距离 0.5 倍~1.0 倍隧道直径)。

12 工程防水

12.1 一般规定

12.1.3 悬挂式单轨交通主要以高架形式敷设，当需要在地面以下穿越时，往往也是区间隧道。因此，悬挂式单轨交通地下隧道结构防水等级定为二级。

13 通风与空调

13.1 一般规定

13.1.1～13.1.3 悬挂式单轨交通车站虽然与大气连通较多，但由于车站内部包含各种功能设备及管理用房，应根据各用房的功能合理设置通风、空调系统，以满足设备运转及人员生理、心理的需要。

13.1.4 本条根据悬挂式单轨交通的特点，明确了通风和空调系统应具备的三方面的功能：

1 悬挂式单轨交通作为一种新制式轨道交通系统，必须保证列车内部空气环境在规定标准范围内，满足设备及人员需求。

2 列车非火灾事故阻塞在区间隧道内时，由于没有活塞效应的作用，停留在车厢内的乘客及向安全地点疏散的乘客，会因为没有足够的新鲜空气而难以忍受。此外，当列车设置空调时，也要维持车厢空调正常运转。因此，需要对列车阻塞处进行有效的通风。

3 列车发生火灾时，可能导致重大伤亡，必须把防排烟系统设计放在重要地位。

13.1.5 通风、空调系统在轨道交通建设运营过程中持续消耗能源，如何通过合理选择系统与优化设计使其能耗降低，同时合理利用自然冷、热源降低国家能源成本，对实现我国建筑节能目标和推动绿色建筑发展具有重大作用。

13.1.6 车辆基地、控制中心和主变电所等均设置在地面，其内部设备的工艺应满足悬挂式单轨交通运营的需求。外界气候条件对其产生的影响与地面建筑则完全一致，因此在满足悬挂式单轨交通设备工艺要求的前提下，应按照国家现行的有关地面建筑设计规范对通风、空调系统进行设置。

13.1.7 悬挂式单轨交通通风与空调的风量、冷量的大小主要取决于客流量和列车通过能力，但客流量和列车通过能力远期大于近期，通风与空调设备的能力应与之相匹配。若近期就按远期能力实施，就要增加建设的初期投资，若设计时不按预测的远期客流量和最大通过能力设计，留足远期设备安装的机房，就会造成远期土建扩建。由于土建扩建非常困难，有时甚至是不可能的，因此通风与空调系统应按预测的远期量和最大通过能力设计，但设备安装可按不同时期的实际需要配置，并分期实施。

13.1.8 通风、空调系统应保证系统设备的配置、管道及配件布置等在运行中能够相互有机协调，确保系统运行处于整体高效运行状态，而不应仅仅局限于个别单体设备的效率最高和管道安装的便宜性。

13.1.13 目前在工程中应用的管材及保温、消声材料种类繁多，性能上差异很大。为了保证在悬挂式单轨交通正常运营和事故状况下所采用的材料都不会散发出有害气体，保持悬挂式单轨交通内部在各种情况下都具有一个良好的空气环境，必须遵守本条所提出的选材要求，保证选用 A 级不燃材料。只有当少数部位采用 A 级不燃保温材料在施工工艺等方面确实存在很大困难时，允许采用难燃材料，但至少应采用 B_1 级材料。

13.2 通风与空调系统

13.2.1 由于区间隧道与外界之间的相对隔绝性,为保证内部具有较好的空气质量,应使隧道内部与外界直接进行空气交换,保证隧道内部污浊空气顺利有效地排除和外界新鲜空气的输入。

13.2.2~13.2.3 悬挂式单轨交通列车在区间隧道运行过程中,车上乘客对外界新风的要求也应予以满足,从对人员需求、工程实施的可行性、系统能力实现的可能性及运行节能等方面综合考虑,规定对区间隧道内供应的新鲜空气量应根据区间隧道内的乘客客流量,按照每个乘客每小时不少于 12.6 m³ 的标准执行。同时,为保证乘客生理健康所需要的空气环境条件,规定区间隧道内空气的 CO_2 日平均浓度应小于 1.5‰。

13.2.4 当区间隧道内在同一方向上有 2 列或 3 列车同时运行时,应充分考虑在前一列车突然故障停运在区间,后续列车也被迫停运在区间的最不利情况下,如何保证车辆阻塞条件下送足够新风,如何救援和疏散乘客。长大区间隧道因疏散距离过长,应在区间中间设置直通地面的专用疏散口或其他安全疏散区,并应结合具体情况专门研究对策。

13.2.5 悬挂式单轨交通车站的站厅、站台设置在地面以上,应在建筑形式上考虑与外界增加相通性,这样有利于利用自然通风消除余热和余湿,从而达到简化通风与空调系统、降低造价、节省能源的目的。

13.2.7 本条参照《工业企业设计卫生标准》GBZ 1 的规定,并将寒冷地区、一般地区及炎热地区统一。

13.2.8 当车站的站厅设置空调系统时,夏季站厅内的温度比室外空气温度低，从而使乘客由外部进入站厅时有较凉爽的舒适感。但厅内温度不应过低，否则会导致乘客从温度高的站台进入温度低的站厅，再由站厅进入站台时，冷热交替，造成乘客在整个车站候车过程中产生不舒适感。因此，本条规定站厅内的夏季计算温度为 29 ℃～30 ℃。

13.2.11 悬挂式单轨交通沿线建筑物状况非常复杂，存在穿越敏感地段或有特殊要求地段的情况，相应地会对沿线的噪声和振动控制提出较高要求。当在高架和地面区间设置全封闭声屏障时，如设置长度较大将导致声屏障内部与外界隔绝程度较高，列车运行和沿线设备运转产生的热量不能顺畅地散发到外界大气中，车上乘客所需要的新风量也无法得到保证。因此，应结合沿线实际情况，对声屏障的结构、人员新风量保证的条件及声屏障与外界的关系等进行研究，在满足沿线环境要求的前提下，采取合理可行的措施保证声屏障内部与外界大气之间实现有效的自然通风。

13.2.15～13.2.16 本条参照现行暖通规范及《环境空气质量标准》GB 3095 的规定，确定公共区及设备管理用房空气品质标准。

13.2.17～13.2.18 通风设备产生的噪声是连续的，对车站环境影响较大。从满足人们工作环境需求及降低消声设备造价等方面考虑，依据国家标准确定通风、空调系统的噪声标准。

14 给水与排水

14.1 一般规定

14.1.2 为降低工程造价、供水可靠、保证水质，修建悬挂式单轨交通工程时应优先选用城市自来水。当位于郊区无市政自来水供给时，应和当地规划部门协商，新增设自来水或打井自备水源，也可以采用可靠的地面水源，但水质必须符合要求。

14.2 给水系统

14.2.2 2 为缓解我国很多地区缺水的现状，国内部分城市设置了市政污水处理厂，并沿城市道路敷设了市政中水（杂用水）管网，主要作为冲厕、绿化、园林景观用水、道路喷洒等非人体接触用水使用。由于其处理成本较自来水低，每吨中水（杂用水）水价远远低于自来水水价，且市政中水（杂用水）由市政污水处理厂统一处理，其中水水质标准有保证，是一种可靠、价格低廉、节能环保的非饮用水水源。若悬挂式单轨交通工程附近有可以直接利用的市政中水（杂用水），且其水质标准满足悬挂式单轨交通工程杂用水的使用要求时，内部冲厕、绿化、冷却水补水、道路冲洗等非饮用水应尽量采用市政中水（杂用水）。悬挂式单轨交通工程自来水与杂用水系统必须采用分质供水系统，并单独设置水表计量。

为了保证杂用水系统的使用安全，防止人员误饮误用，工程杂用水系统严禁与生活饮用水管道连接。当杂用水系统从其管道上接出短管或水嘴时，应在用水点处挂牌配中文和英文标志，显示"非饮用水"等字样提示工作人员或乘客不得直接饮用，以保证用水的安全。

14.2.3　3　随着运营保洁方式的改变，目前国内城市轨道交通在实际运营中，保洁人员基本上不对车站公共区及出入口通道进行大面积的冲洗，车站冲洗用水量减少。因此，车站冲洗用水量也相应调整为（1~2）L/（m²·次）。

14.2.6　3　悬挂式单轨交通工程电气设备绝缘子的外绝缘因环境的污染可能使得电气设备的绝缘水平大大降低，当电气设备的绝缘子表面积污时，一旦管道漏水或冷凝水滴落在电气设备上，绝缘子表面污层中的电解质成分会充分溶解于水中使污层变为导电层，引起表面电阻大大下降，使电气设备的绝缘强度大大降低从而造成电气设备短路跳闸等现象，直接影响到地铁列车的安全运营。因此，给排水管道均不应穿越变电所等电气设备房间。

　　5　在严寒和寒冷地区无供暖措施的地面和高架车站敷设的给排水及消防管道、消火栓及消防水池，当环境温度经常低于 4℃ 时，管道、消火栓及消防水池内充水有结冻的危险。因此，严寒和寒冷地区的给排水管道需采取必要的防冻保护措施。室内消火栓系统也可按照现行国家标准《建筑设计防火规范》GB 50016 的要求采用干式系统，但应在进水管上设置干式报警阀，管道最高处应设自动排气阀。

14.3　排水系统

14.3.2　3　近几年，我国大部分地区城市暴雨强度及暴雨量较大，车站的屋面雨水系统能否安全及时地排放雨水将直接影响到悬挂式单轨交通的正常运营。因此，本标准给出了车站屋面雨水排水系统的设计标准。车站的屋面雨水排水管道设计降雨历时，按照《建筑给水排水设计规范》GB 50015 的规定取值；因车站属于重要的建筑物，车站暴雨强度按《建筑给水排水设计规范》GB 50015 中重要建筑物取值。

14.4 车辆基地给水与排水

14.4.1 6 本条依据现行国家标准《建筑给水排水设计规范》GB 50015 的要求确定，规定了不可预见水量和管网漏水量之和的计算要求。

14.4.3 因屋顶水箱和水塔容易造成生活给水系统二次污染，故不宜在车辆基地生产、生活给水系统中使用。生产、生活给水泵需要长期工作，为了降低水泵的能耗，给水加压设备宜采用变频调速或叠压供水等节能设备，但叠压供水设计方案应经当地市政供水行政主管部门或供水部门批准认可。

14.4.4 本条为节能环保要求。车辆基地及停车场周围有城市杂用水系统且水质满足使用要求时，直接利用城市杂用水作为车辆基地内冲厕、绿化及地面冲洗水等非接触用水是首选方案。

14.4.5 太阳能作为一种新能源，是一种清洁无污染的可再生能源。我国幅员辽阔，大部分地区太阳能年日照时数大于1400 h，水平面上年太阳辐照量大于 4200 MJ/($m^2 \cdot a$)。在这类地区，车辆基地及停车场内集中热水供应系统宜选用太阳能热水系统。太阳能热水系统辅助加热系统的选型应在技术经济比较的基础上确定。

15 车站其他机电设备

15.1 自动扶梯与自动人行道

15.1.1 自动扶梯及自动人行道按其结构特点分为标准型、公共交通型。根据悬挂式单轨交通客流量大、高峰客流时间长等特点，标准型自动扶梯已不能满足如此大客流的负荷。因此，悬挂式单轨交通应采用公共交通型自动扶梯和自动人行道。

15.1.3 从低碳、环保及节能等方面考虑，自动扶梯及自动人行道应选用全变频调速的设备。

15.1.5 为了确保运营安全，自动扶梯和自动人行道的控制推荐优先选择就地级控制。

15.1.8 在满足国家标准《自动扶梯和自动人行道的制造与安装安全规范》GB 16899 要求的基础上，适当提高上下水平梯级数有利于保证乘客的安全和舒适性。

15.3 站台门

15.3.1 站台门系统根据门体高度、车站站台的密封程度不同，分为全高封闭式站台门、全高非封闭式站台门和半高站台门，以上三种形式统一简称为站台门。

15.3.2 传统门体材质采用普通安全玻璃和钢材，门扇采用隐框结构，并设置有橡胶和毛刷。站台门不能作为防火隔离设施。

16 供 电

16.1 一般规定

16.1.4 悬挂式单轨交通的建设可能呈网络状，外部电源方案受电网的现状条件及规划的影响，应该结合线网统筹考虑确定。其主变电所及电源开闭所的位置及线路走廊也应符合城市规划的要求。

16.1.10 当车辆采用如蓄电池等车载储能装置供电时，在其能够满足列车全线行程的情况下，供电系统可不配置接触网。

16.1.13 若通过经济比较，有必要采用列车车载储能装置，则牵引所一所解列情况，可不必考虑临所支援供电。

16.2 变电所

16.2.8 双边供电有利于提高接触网电压水平，有利于减少接触网能耗。除车辆基地外，正线正常运行方式均应采用双边供电方式。

16.2.20 为防止地下、隧道区段的电线和电缆燃烧危及系统正常工作，避免燃烧时产生的有害气体危害人身健康甚至危及安全，电线电缆应采用无卤、低烟的阻燃材料。

16.6 动力与照明

16.6.3 用电设备的需要系数根据设备工作特点和运行方式确定，同时系数根据已经开通的类似工程运行情况确定。

16.6.11 避免光线强度突然变化影响司机的视觉。

17 通 信

17.1 一般规定

17.1.1 在悬挂式单轨交通通信设计中，既要积极发展新技术，以满足悬挂式单轨交通现代化及信息化的需求，又要做到经济合理，努力降低工程造价。

17.1.5 如设置公安通信系统，专用通信系统和公安通信系统有部分设备和材料的功能是相同的。例如传输系统、视频监视系统、光缆，在建设、使用和运营等因素允许的情况下，可以合并建设，减少系统投资和运营成本。

17.1.7 本条规定专用通信一套系统应兼顾两种功能。如果在常规通信系统之外再设置一套防灾救护通信系统，势必要增加很多投资，而且长期不使用的设备难以保持良好状态，很难保证在发生事故和灾害时迅速及时地通信联系、指挥抢险救灾。

17.1.8 悬挂式单轨交通为确保列车行驶的安全，设置了严格的设备限界和车辆限界，本条明确了通信设备设施必须满足的限界要求。

17.2 传输系统

17.2.1 从目前通信传输技术发展水平来看，光纤通信以其大容量、低成本、标准化及高可靠性等明显优势，成为通信传输的主要手段。因此，为满足悬挂式单轨交通各种信息传输的要求，应建立以光纤通信为主的传输系统网络。传输设备制式呈多样化发展，基于SDH的多业务承载平台(MSTP)、基于IP的以太网光传输都有所应用。因此，应根据悬挂式单轨交通各种信息传输的要求，结合通信技术的发展，设置相应的传输系统网络。

17.2.2~17.2.3 光缆作为通信建设的物理层基础设施，具有一次建设、长期使用、不易扩容的特点。因此，悬挂式单轨交通的光缆容量除了应满足现阶段的需求外，还应充分考虑容量的预留，以适应远期发展需要。

17.2.4 悬挂式单轨交通区间内的电缆、光缆必须是无卤、低烟、阻燃材料，是为了在火灾情况下，线缆能够尽量避免产生对人身有害的物质，并能有效地防止燃烧。室外裸露电缆、光缆的外防护层应具有防晒、防水等功能。车站电磁环境复杂，因此要求线缆具有抗电气化干扰的防护层。

17.2.5~17.2.6 光、电缆的敷设方式，是线路建设中的一项主要技术要求，直接关系到系统安全、工程量和投资。本条文是参照原邮电部的规定并结合悬挂式单轨交通的特点制定的。光纤本身不受外界强电磁场的影响，且光缆金属护套均为厚度小于0.1 mm的钢外套，对电磁波的屏蔽作用很小。为保证金属加强件及金属护套上的纵向感应电势不积累，故要求光缆接头两侧的金属护套和金属加强件应互相绝缘。为保证感应电流不进入车站影响设备及人身安全，当用光缆引入时，应做绝缘接头。

17.3 公务电话系统

17.3.1、17.3.5 随着城市轨道交通的发展，多条线路使用同一个控制中心、车辆基地等的情况非常普遍，悬挂式单轨交通线网内的公务电话网络的建设应充分结合线网的建设，合理设置公务电话设备，避免资源浪费。

17.5 无线通信系统

17.5.1 本条对无线通信系统的基本功能和定位作了明确规定。

17.5.5 无线通信系统应具备调度所需的各项呼叫功能和存储、监测等功能，满足无线调度的需求。

17.8 视频监视系统

17.8.3 摄像头的安装位置、数量及安装方式应根据乘客流向、乘客聚集地等场所综合考虑。同时，在重要设施处也应安装摄像头，以利于监视。

17.8.5 具体的实时录像时间应结合运营的需求设置。使用远程电源控制，方便停运后关闭摄像机，节能并延长设备寿命。

17.9 集中告警系统

17.9.1 由于通信子系统较多，并都配置了网络管理系统，运营人员面对多台网管终端，不方便对告警和设备状态改变进行统一监视。因此，在有条件的情况下，可以利用集中告警系统帮助运营人员进行集中监视，提高维护效率。悬挂式单轨交通作为中运量系统，设置综合运维管理系统可以减少运维岗位，节省运营成本，通信子系统的集中告警系统可以纳入综合运维管理系统中。

17.10 办公自动化系统

17.10.1～17.10.4 本节对办公自动化系统的基本功能和设置作了规定。在此基础上，各线路计算机网络系统的建设时应尽量与运营单位或部门沟通需求，综合考虑建设规模。

17.11 乘客信息系统

17.11.5 乘客信息系统的终端显示设备的设置既要考虑到乘客使用方便，同时也应经济合理。设置地点应为乘客聚集、经常使用的地方，便于乘客及时了解相关信息。本标准规定在车辆车厢及站台乘客聚集地，在出入口、换乘通道、站厅乘客必经之地设置乘客信息系统终端显示设备，基本覆盖了悬挂式单轨交通系统乘客活动公共区域，完全能够满足乘客使用要求。对于乘客查询系统建议采用多媒体触摸屏等技术先进、运行可靠、安全性高和便于使用的设备。

17.11.7 为减少光缆数量，乘客信息系统的传输网络建议由通信系统统一构建，也可根据需要独立构建。构建时应根据实际运营的需求及广告管理子系统的播出方式，计算PIS系统的带宽需求，以便合理确定乘客信息系统的组网方案。

17.11.8 乘客信息系统主要显示时间、列车运行情况、悬挂式单轨交通列车系统发布的信息公告以及公共信息、电视节目、广告等内容，运营单位可根据实际情况选择发布内容。

因此，本条规定了与所需发布内容相关的系统应与乘客信息系统设置接口。乘客信息系统应至少与时钟、信号系统设置接口，以保证悬挂式单轨交通内部相关信息的发布。

17.12 电源及接地系统

17.12.1 电源系统是通信设备运行的基础保证，本条明确了电源系统的基本功能和要求。

17.12.2 由于通信系统担负着电力、信号、环控等重要信息的传输任务，应确保正常运营和防灾救援时的通信功能。因此，本条款明确规定通信设备的用电要求：按一级负荷供电，由变电所或总配电柜引接双电源双回线路的交流电源至通信机房，当使用中的一路出现故障时，应能自动切换至另一路。

17.12.3 通信设备的数字化使传输、交换及其他通信设备的用电基本要求趋于同一化－48 V 作为直流基础电压符合国际、国内标准以及数字通信的实际情况，故明确规定"直流基础电压为－48 V"。

17.12.7 悬挂式单轨交通作为中运量运输系统，可根据需要设置综合电源系统，以避免弱电系统多专业均设置电源系统的重复建设模式。

17.12.8 本条明确通信设备的接地设计和目的。

17.12.9 分设接地和合设接地两种接地方式可因地制宜采用。按分设接地方式设置的接地体之间应保持一定距离，防止产生地线之间的串扰所造成的不安全因素。

17.13 通信用房技术要求

17.13.3 由于车站内安装的设备不易更换和搬迁,故通信机房的面积应满足通信业务发展的远期要求。

18 信 号

18.1 一般规定

18.1.3 由于悬挂式单轨交通需控制建设和运营成本，因此建议将 ATS 系统与各机电系统的运营和维护岗位进行合设，实现综合运维自动化，减少运营人员，节省运营成本。

18.1.5 由于悬挂式单轨交通轨道梁的结构特点以及车辆空间相对狭小，能够提供给轨旁、车载信号设备及线缆安装、敷设的空间有限。从便于维修维护、协调周边景观、减轻悬挂轨道梁荷载、有利于加大桥墩跨距的角度考虑，要求信号系统尽量满足小巧、轻便、易安装的要求。

18.1.10 由于悬挂式单轨交通列车悬挂于轨道梁下方，当风速较大时，运行中的列车会产生明显的摇摆，存在一定的运营安全风险。因此，信号系统应对风力强度进行监测，并根据监测结果，采取诸如限速运行、停车避险、回库停运等安全措施。

18.2 系统要求

18.2.2 目前，虽然在悬挂式单轨交通中采用传统的列车位置检测设备（如轨道电路、计轴等）还没有可行的方案，但 CBTC 系统也能够做到根据运能需求，采用软件技术划分模拟闭塞分区的方式，按照准移动闭塞的方式控制列车运行。因此，没有排除准移动闭塞制式在悬挂式单轨交通中的应用。

18.2.5 悬挂式单轨交通适合采用控制中心自动或人工控制方式，车站自动控制和车站值班员人工控制可视项目情况进行选配。

18.2.6 信号系统必须具备列车自动防护驾驶模式，可为列车运行提供安全保障，这是强制性要求。各类级别的列车自动运行驾驶模式各有优缺点，可根据具体线路的服务定位、运量需求及应用环境来选用。对于悬挂式单轨交通，考虑到疏散救援必须由专业人员指挥的特点，最高列车驾驶模式采用列车有人值守的全自动驾驶模式。

18.8 车辆段/停车场信号系统

18.8.1 由于传统的列车位置检测设备（如轨道电路、计轴设备等）目前在悬挂式单轨交通线路上还没有成熟的应用方案，列车在车辆段/停车场的位置检测只能采用基于通信技术的方式实现。因此，还需要将 ATP 地面设备和无线信号覆盖设备布置到车辆段/停车场范围内。

19 自动售检票系统

19.1 一般规定

19.1.1 根据悬挂式单轨交通建设城市的经济发展状况，设置不同水平的自动售检票系统，有利于减少车站工作人员，减轻工作人员的劳动强度。通过自动售检票系统可以实现客观的客流统计、票款收入统计、设备运行及维修状况的统计，有利于提高自动化管理水平。

19.1.2 超高峰客流量是指车站高峰小时客流量乘以1.1~1.4的超高峰系数，各站超高峰系数取值视车站位置的客流特征和客流量大小确定。

自动售检票终端设备的计算参数和配置水平可根据城市轨道交通建设、经济发展状况和服务水平来确定。

19.1.3 为方便乘客换乘，自动售检票系统设计应结合城市轨道交通线网规划，考虑线路间换乘的便利性，同时做好各线路的收益清分。

19.1.4 自动售检票系统涉及大量的支付交易数据，数据要有较高的可靠性和可恢复性，交易数据宜采取异地容灾措施。

19.1.5 "可靠性"主要是指系统运行的可靠性、数据的可靠性、通信的可靠性及设备的可靠性等。

19.1.7 自动售检票系统应设置与相关系统连接的接口，主要是指与通信系统、火灾自动报警系统、门禁系统、动力与照明专业及"一卡通"系统连接的接口等。

19.1.8 系统运营模式包括正常运营模式、降级模式和紧急模式。后两种属于非正常运行模式。正常运行模式包括：正常服务模式、关闭模式和暂停服务模式、设备故障模式、维修模式和离线维修模式等。系统降级模式包括：列车故障模式、车费免检模式、进出站次序免检模式、车票时间免检模式和车票日期免检模式等。紧急模式由火灾自动报警系统、清分系统、车站计算机（SC）或紧急按钮启动。

19.1.17 随着互联网的高速发展，网络安全已经上升到国家安全层面。自动售检票系统作为悬挂式单轨交通的一个系统，其网络安全直接影响到城市轨道交通及人民财产的安全，故自动售检票系统宜设置信息安全等保措施，其中央计算机系统信息安全宜按三级等保进行设计，车站级计算机系统信息安全宜按二级等保进行设计。

19.2 自动售检票系统的构成

19.2.5 根据各城市具体情况，自动售票机和自动充值机的功能可合并，便携式验票机可具备检票功能。

20 环境与设备监控系统

20.1 一般规定

20.1.2 对于悬挂式单轨交通环境与设备监控系统（BAS），应采用集散型监控系统。与过去传统的计算机控制方式相比较，它的控制功能尽可能分散，管理功能相对集中，提高了控制系统的可靠性，结构灵活、组态方便、布局合理，降低了系统成本。

20.1.6 车辆、车站结构和装修材料均采用不燃材料；电缆绝缘材料采用无卤、低烟的不燃或难燃材料。发生火灾属小概率事件，从设备设施配备的经济性和合理性考虑，规定全线车站及区间以及换乘站按同一时间仅发生一次火灾设计救灾模式。

20.2 系统设计原则

20.2.1 从系统功能分析，BAS 应具有中央和车站两级监控信息管理，中央、车站、现场（就地）三级控制功能；从系统结构分析，BAS 由中央、车站、现场控制级三层结构组成。

20.2.2 火灾自动报警控制盘（FACP）与 BAS 的主控制器间设置 RS485 串行通信接口。当车站发生火灾时，车站级 FAS 探测火灾发生的具体位置，并发布相应火灾模式指令至 BAS，BAS 优先执行相应的控制程序，保证防排烟及其他相关设备及时进入排烟救灾状态，避免灾情扩大，减小人身和财产损失。

20.4 硬件设备配置

20.4.1 BAS采用工业控制系统，系统配置的设备均应具备较强的抗电磁干扰、抗静电干扰、抑制变频器谐波能力；现场设备应选用防尘、防腐蚀、防潮、防霉、防振等适合工业环境的控制设备。监控设备应选用技术先进、安全可靠、智能化、模块化，并具有远程编程功能的设备。输入、输出模块应具有带电插拔功能和隔离措施。对事故通风与排烟系统的监控，采用冗余配置的PLC及冗余现场工业总线结构，以提高控制系统的可靠性。主要环节冗余配置以提高系统的容错性。

20.4.3 车站级硬件应按下列要求配置：

1 选择工业控制计算机作为车站级操作工作站具有较高可靠性，MTBF$\geqslant$50000 h，LCD显示器 MTBF$\geqslant$20000 h。该工业控制计算机采用总线结构，具有重要的计算机属性和特征，具有实时操作系统、友好的人机界面，主机配置多个符合工业标准的32位PCI扩展插槽，具备良好可扩展性。

2 UPS为在线式不间断电源。车站级BAS系统UPS后备时间为1 h，车站级BAS与FAS之间配置通信接口，后备时间应保持一致，协同执行防灾模式。

3 报表分为统计类报表和查询类报表。统计类报表具有时间属性，需要周期统计和计算产生，如耗电、故障次数故障率、设备运行时间、环境参数（温度、湿度、焓值）统计报表等；查询类报表是通过查询规则过滤后的数据输出报表，如报警事件、故障设备、维修设备、报检设备、运行参数一览表等。统计类报表基于历史数据库产生，并可由用户自定义生成；查询类报表针仅对查询结果输出，格式固定。报表操作包括报表编辑、报表生成、报表保存。报表打印有定时自动、自动触发、事件打印等方式。

4 在车站控制室设置综合后备盘（IBP），当中央级发生通信故障或在车站级人机接口发生故障时，使车站具有后备操作装置，可进行紧急情况下的手动后备操作控制，以保证运行安全。IBP具备如下主要功能：在发生火灾或紧急情况下，车站通风空调系统模式控制；自动售检票系统的闸机解锁控制；自动扶梯的停机控制；消防水泵的启停控制；站台门开启控制；非消防电源切除；显示消火栓泵的运行、故障、手/自动状态，以提高对重要消防设备进行监控的可靠性。当车站级工作站发生故障时，直接手动IBP模式按钮操作，IBP盘手动按钮控制具有优先级。

20.5 软件基本要求

20.5.1 BAS所采用的软件应是成熟、通用、平台级的商用产品。系统软件是一个分层、分布式SCADA系统，数据加工和处理应由事件驱动型数据库软件实施。系统软件体系结构基本原则：

1）支持多种硬件构成形式，软件结构不依赖于硬件环境；

2）采用的技术应符合并适应计算机软件技术、通信技术、自动化技术的发展趋势；

3）系统软件运用冗余、容错、自恢复等技术，充分保证系统的稳定运行；

4）尽量选用成熟 COTS 软件作为构成 BAS 系统软件的基础，要求软件模块化、组件化，采用层次性模型，应用开发和设计应符合标准化、易于扩展的原则；

5）系统组件和通信协议遵从国际标准，应采用标准、开放的中间件作为 BAS 系统软件体系的通信"软总线"，使各层接口便利、通用；

6）系统软件平台必须在保证稳定、可靠、先进的基础上，具有良好的扩展能力，满足 BAS 不断发展的需要；

7）系统软件应提供良好、通用的开放性接口，能有效支撑轨道交通应用功能的开发，其中数据库、接口驱动和人-机界面的开放性尤为重要。

除操作系统软件外，应用软件主要包括下列软件：

① 中央级应用软件；
② 车站级应用软件；
③ PLC 或 DCS 应用软件；
④ 通信接口软件；
⑤ 数据库生成与管理软件；
⑥ 人机接口软件；
⑦ 系统组态软件；
⑧ 系统维护及诊断软件；
⑨ 通信管理和网管软件。

20.6 系统网络结构与功能

20.6.1 1 BAS 全线可利用具备良好网络通信保护机制的通信传输系统提供的逻辑独立通道组网，网络层功能与链路层功能分别由车站级以太网交换机及通信传输系统节点设备实现。数据二次封装,可利用车站级以太网交换机独立组建全线 BAS 网络;数据一次封装,两种组网方式均可满足数据传输实时性的要求。

2 采用环形拓扑结构网络,单点故障具备自愈网络重组功能;冗余配置网络结构亦具备单点故障不影响网络正常通信功能。

20.6.3 BAS 系统实时性是指系统的各项处理与被控过程的适应能力。BAS 系统实时性指标主要包括:

控制响应时间:操作命令发出到设备动作时间;

信息响应时间:过程的状态变化到人机接口(MMI)的时间;

事件自动响应时间:事件产生到应对命令输出至系统端子排的时间;

实时数据库中的数据更新时间;

通信接口设备的数据更新时间;

人-机界面页面调出延迟时间、切换时间和页面中实时数据的更新时间;

网络或现场总线通信速率。

20.7 系统布线及接地

20.7.1 BAS 管线布置应方便维护、检修,具备防止外部机械损伤能力;布线灵活,以适应监控点增加、换乘站接入等系统扩展要求。

20.7.3 BAS 的电源线与信号线分别隔离设置,以避免电源线与信号线间相互干扰，即线间耦合干扰，避免信号产生误差或失效。

20.7.6 BAS 系统设备功能性接地（工作接地）分为逻辑接地、屏蔽接地、信号回路接地和本安仪表接地；保护性接地包括防雷接地、防静电接地、防电蚀接地。

20.7.8 根据行业标准《民用建筑电气设计规范》JGJ 16—2008 有关接地技术规定，BAS 系统接地电阻≤1 Ω。

21 风力监测系统

21.1 一般规定

21.1.1 悬挂式单轨交通由于列车悬挂于轨道梁下方,当风力较大时,会有一定的运营安全风险。因此,悬挂式单轨交通应配置风力监测系统。

21.4 其 他

21.4.1 4 风力监测系统线缆与高压线缆之间应保持一定的安全距离。最小平行间距应大于 0.5 m,以免高压线缆对风力监测系统的干扰。

22 综合运维管理系统

22.1 一般规定

22.1.3 综合运维管理系统（IOMS）应为悬挂式单轨交通行车和行车指挥、电力调度、机电设备监控和管理、防灾和安全、视频监控、乘客服务、系统维修和能耗管理岗位服务；IOMS功能应与悬挂式单轨交通运营管理模式相适应，主要应满足列车有效运行、设备良好运转、对乘客周到服务等运营监控管理整体功能的需求。

22.1.4 IOMS集成的列车自动监控系统、电力监控系统和环境与设备监控系统是综合运维管理系统的主体。火灾自动报警系统是否集成到IOMS主要由当地消防管理部门确定，本标准推荐宜采用互联接入方式。采用云平台的信息化技术是技术发展的趋势，可以有效优化硬件配置，方便系统维护管理，建议在系统建设时采用。

22.1.6 **1** 分层是指IOMS的功能应根据运营分层次（中央级、车站级、现场级）管理的职责和要求，实现监控和管理功能；分布式是指IOMS的功能应根据运营站点分布和管理的范围，按车站（车辆基地）分别实现或按照区域车站分别实现监控和管理功能；资源共享是指系统的硬件资源、软件资源和信息资源的共享，最终为实现人力资源的共享，优化人力资源配置的目标服务。

2 悬挂式单轨交通弱电系统数量多、规模小，可以根据实际情况统一网络规划，共用网络设备和资源。但建议列车自动监督等涉及行车安全的业务模块的网络通道要保持相对独立，避免非安全数据影响安全数据。

3 IOMS 设计与实施应满足安全性、可靠性、可维护性、可扩展性要求，进行 RAMS（可靠性、可用性、可维护性、安全性）管理，满足分期施工与线路延伸的要求。

22.2 系统功能

22.2.1 1 IOMS 中央系统应实现所集成子系统的全部中央级的功能，当火灾自动报警系统、乘客信息系统、乘客广播系统和视频监控系统等集成于 IOMS 时，应实现这些系统的全部中央级功能，当采用互联方式时，应考虑实现互联功能。

5 联动是指根据运营的条件，按照悬挂式单轨交通模式运营要求，由单一系统触发，相关系统或设备根据接收到的指令，按照确定的逻辑动作顺序实现的一组自动操作。针对不同的功能需求，可实现全线如紧急广播，区域、区间等地区设施的联动。

6 在区域线路成网情况下，业主可以建设线网级监控系统，宜保留与线网级监控系统接口的通道。

22.2.2 4 IOMS 中央级火灾自动报警功能对火灾的确认要遵循消防规范中火灾报警确认的相关条款。火灾自动报警设备主要包括探头、模块、控制盘和电源。

22.2.3 2 中国城市轨道交通协会在编的《新一代智慧城轨体系的信息技术系统的 IT 架构及信息安全规范》，要求轨道交通同步建设采用云平台技术的信息系统，建立数据中心，可对数据进行深入挖掘应用。

3 维护管理子系统采集机电系统运营状态和告警、故障信息，与维修管理流程和系统进行联动，触发维修作业，可以提高维修效率。

22.2.4 中国城市轨道交通协会在编的《新一代智慧城轨体系的信息技术系统的 IT 架构及信息安全规范》，定义了智慧城轨建设基于云平台技术的信息系统的详细要求，包括系统架构、网络规划、资源共享、数据采集应用、信息安全要求等。

22.3 系统组成

22.3.1、22.3.2 根据悬挂式单轨交通特点，IOMS 监控功能主要设在中央，车站仅设网络或接入设备，车站不设置车站级服务器。可以根据需求在车站设置站级工作站。站级工作站从中央服务器获取数据和操作权限，主要用于系统维护和应急处理。

22.3.5 可以根据子系统业务功能按需划分云计算资源，统一监控动态调整，统一冗余和数据库配置，提高系统可靠性和可用性。

22.4 软件要求

22.4.1 本条规定是 IOMS 工程应用中对系统软件提出的技术要求，每款都有丰富的技术内涵，规定构成了对系统软件的总体要求。

1 由于IOMS具有面向多专业和多种设备的集成特性，最终交付的每个系统具体功能存在一定差异性，本款强调IOMS软件的开放性。软件的开放性主要指系统软件对接入各类系统的包容性与适应性。系统软件支持各层次的接口功能，支持各种标准的通信协议。软件平台要能提供相对规范化的接口、工具或方法，例如开发工具、配置工具和调试工具等，使得该软件平台能够定义、定制特定的应用功能，或扩展系统的规模，此类活动可以从系统的工程实施阶段直到维护阶段。

2 强调IOMS不能因逻辑的或物理的分层分布导致实时处理能力下降，特别是对那些时间要求苛刻的应用功能。

3 所指的数据完整性是指提供给操作员或进一步加工的数据处理结果应是真实和完整的，不能是中间态或不确定态。所指的数据一致性是指对同一个数据，用户在任何等效操作位置（如中心两个互为备份的工作站）同时观察到时都应该是相同的；对一个已经发生的变化或事件，用户在任何时间、任何操作位置、任何表现形式（如文字报警和图形报警）上的观察也都应该是相同的。

4 强调了系统软件要具有可裁减、可扩充，以及在线调整系统配置和验证系统修改结果的能力，而这种"在线"能力是要求不能影响已投运专业的正常监控。

22.4.2 应用软件是指面向特定用户满足其特定要求而开发的软件系统或软件模块。这些应用软件以系统软件平台为核心，或嵌入或外挂在系统软件平台上，并和系统软件平台一起协同工作。

2 IOMS面对众多的监控对象，同时又是一个地理位置分散的系统，实施过程经常需要修改局部设计或配置，因此本款所规定管理工具宜支持远程部署，支持在线更新，主要是从辅助调试过程中的故障定位，以及缩短调试工期、降低调试成本考虑的。例如当工程后期硬件设备安装完毕后，局部的（例如某车站）系统配置修改可以通过远程部署方式从中心远程更新站上的配置，而不需要站上一定有人驻守。同时，系统运行中，也要求具有远程部署和修改的功能。

22.5 接口要求

22.5.1 系统与系统之间需要进行数据交换，但往往由于不同生产厂商的设备所支持的通信协议不统一，使得不同厂家的设备不能直接通信，需要进行协议转换，导致设备件配合困难。因此要采取标准的可扩展的协议方式进行接口。

23 运营控制中心

23.1 一般规定

23.1.4 随着城市轨道交通向网络化建设的发展,为方便轨道交通网络的运营管理、节约土地资源,在满足控制中心功能要求的前提下,根据城市轨道交通线网规划,控制中心可以单条悬挂式单轨交通线路为单元建造,也可多条线路合建,或与地铁、轻轨等其他形式的城市轨道交通线路合建。若已有城市轨道交通控制中心,也可接入既有的运营控制中心。

23.1.5 悬挂式单轨交通具有建设速度快、线路延伸拓展方便的特点。在控制中心建设时应考虑到线路延伸、投入运营后可能出现新的运营需求以及新系统、新设备的推广应用等,适当预留将来发展的余地,以适应可能的发展和变化。

23.1.6 控制中心的位置宜选择在靠近城市道路干线、离线路较近、靠近车站或车辆基地、接近监控管理对象的中心地带,方便全线运营管理及各系统的连接,方便与城市其他线网连接,并能兼顾多条线路的场所,缩短与线路的距离,降低工程和管线投资及运营管理费用,便于在紧急情况下组织事故抢修及事件的处理。

23.2 功能分区与总体布置

23.2.2 运营操作区应靠近设备区和运营管理区,以便于设备间的电气连接、减少管线敷设的距离、便于运营管理；设备区和维修区宜相邻设置，以便设备的维护管理。

23.2.3 考虑到防雷电干扰等因素，中央控制室和设备区不宜设在建筑物的最顶层，也不宜设置在地下。

23.2.5 **1** 设备区设备用房有多种布置方式，可按系统划分或按线路划分，可采用封闭式布置或通透开放式布置、集中式布置或分散式布置，也可采用上述各种方式的混合式布置，具体布置方式需根据管理体制、运营模式等情况确定。

23.2.6 运营管理区应具有悬挂式单轨交通中央级运营技术管理和生产管理等功能，宜设置主任室、运营管理技术室、运行图编辑室、运营生产管理室等管理功能房间，配置必要的办公、管理和生活设施。上述用房可根据运营实际需要设置或合并设置。

23.2.8 **1** 辅助设备区应具有供电、通风、空调、消防、自动灭火、给排水等辅助设施及相应功能，宜设置管理、办公、操作、工器具、维修及值班等管理和办公用房，这些用房可以根据需要分开设置或合并设置。

2 辅助设备区宜设置供电系统和低压配电系统、通风系统和空调系统、水消防系统和自动灭火系统、给排水等设施用房；供电系统、低压配电系统、空调系统、水消防系统及给排水等辅助设施宜设置在地下一层或地下二层；通风系统和自动灭火系统等宜设置在各层距用户较近的场所。供电系统和低压配电系统用房不得有通风风管和水管穿过，各系统应根据实际需要设置用房，水系统应设置独立的管道井。

23.3 建筑与装修

23.3.1 控制中心的建筑布局应满足工艺要求,同时应符合下列规定:

4 中央控制室应设两个出入口与外部相连,门的大小应考虑操作人员和室内设备及维修设备的进出搬运方便,一般至少有一个门的宽度为1.2 m、高度为2.3 m,门应向外开,不设门槛,要严密防尘防鼠,并符合现行消防规范、规定的要求。

5 控制中心与其他建筑合建时,控制中心应设独立的进出口通道(包括电梯等)以及消防通道。中央控制室和各系统设备房不宜与不明使用功能的建筑用房直接相邻,其间应有一定的隔离形成缓冲带或者隔离带,必须设置可靠的防火防爆隔离设施,确保控制中心的独立性、安全性和可靠性。

23.6 通风、空调

23.6.1、23.6.2 运营控制中心应根据各用房的功能合理设置通风、空调及供暖系统满足设备运转、事故通风排烟及人员生理、心理的需要。

23.6.3 运营控制中心为多线共用工程。若近期就按远期能力实施,就要增加建设的初期投资,造成运营浪费,若设计时不留足远期扩容能力,就会造成远期控制中心扩建。因此通风与空调系统应预留远期运营控制中心扩容时的能力,并考虑分期实施。

23.6.4 物业与控制中心功能属性不同,通风空调系统应分别独立设置。

23.6.7 本条规定了通风、空调设计标准。

23.7 供电、防雷与接地

23.7.1 控制中心内信号、电力监控、火(防)灾自动报警、环境与设备监控、自动售检票、自动灭火等系统设备用电以及中央控制室和重要设备房屋照明、应急照明、防排烟设备、消防电梯用电应纳入一级负荷；一般房屋照明、货物电梯为二级负荷；其他为三级负荷。

23.7.2 需要不间断电源供电的系统设备，应根据各系统设备的供电要求确定。也可设置综合的 UPS 供电系统，其输出功率应大于所供用电设备总和的 1.5 倍，并确保不低于 2 h 的后备用电；综合 UPS 电源室的位置应尽量接近用电负荷设备和中央控制室，并有利于进出线。

24 车辆基地

24.1 一般规定

24.1.1 本条明确规定了车辆基地的设计范围。

车辆基地是保证悬挂式单轨交通系统正常运营的后勤基地。车辆基地的设计范围包括车辆段、综合维修中心、物资总库和培训中心以及必要的办公、生活设施等，是悬挂式单轨交通系统正常运营所必需的设备和设施。上述各种设备、设施性质相近，有着较紧密的联系，工程设计中通常布置在一起，形成综合体，既可节约工程投资又方便管理。

24.1.2 城市轨道交通线网规划是悬挂式单轨交通设计的重要依据，线网规划中对车辆基地的分布和功能有明确的规定。车辆基地用地范围通常是得到规划部门的认可并加以控制的，所以车辆基地的设计应以城市轨道交通线网规划为依据。

24.1.3 车辆基地属大型建设工程，总投资和占地都较大。为合理安排工程投资和征用土地，条文强调车辆基地应统一规划，分期实施，其轨道、房屋建筑和机电设备等按近期需要设计，用地范围按远期规模确定。由于车辆基地近、远期工艺联系较为密切，条文要求远期用地范围应按远期规模并在远期轨道和房屋布置规划的基础上确定。此外，由于车辆的全面检修一般在6年以后才进行，车辆段的全面检修设备和厂房可根据工艺布置的情况，在今后扩建不影响正常生产和周围环境的条件下，在完成总平面布置的基础上分期实施，以避免该部分设施多年搁置不用，造成浪费。

24.1.4 本条规定车辆基地选址的六项基本要求，主要是针对外部条件的要求提出的，对各项的要求说明如下：

1 符合悬挂式单轨交通线网规划和城市总体规划是车辆基地选址的基本条件。车辆基地应具备日常停车、检修等功能，在满足使用功能和运营需求的前提下，要符合城市总体规划的要求，两者之间要切实做好协调。为保证项目用地，规划部门在编制《城市轨道交通线网规划》时，应根据线网各条轨道交通线路运营的需要，对各线车辆基地的选址和用地作出安排，并纳入城市的总体规划。随着城市的发展，总体规划可能会有所变化或调整。悬挂式单轨交通规划和建设应从前期的研究阶段开始就对车辆基地的选址和用地进行选择和比较，取得规划部门的认可并对用地范围加以控制。

2 车辆基地的良好接轨条件是保证正常运营、降低工程投资和运用费用的关键。车辆基地通常在终点站、折返站或其他车站接轨，其接轨点和接轨方式的选择应保证列车进出正线安全、可靠、方便、迅速及运行经济。车辆基地选址应保证与接轨站之间有适当的距离，不应太远，也不应太近。在满足线路坡度、平面曲线半径和信号要求的前提下，尽量缩短段（场）出入线的长度，减少列车的空跑距离，既要保证正常运营作业的需要，又要尽量减少工程投资。同时还应注意选址的地形、地貌和周围环境，避免出入线因穿越建筑物、构筑物或跨越河流、水域而增加工程量。

3 车辆基地的用地面积应根据功能和工艺要求以及总平面布置确定，而且对用地地块的长度和宽度以及地块的几何形状都有一定的要求。本款重点强调用地面积的有效性。

4 车辆基地占地面积大，排水种类较多，有地面排水，生产、生活废水和污水的收集和排放，还有纵横布置的管沟排水。由于大量股道的布置和分散的房屋建筑物，造成基地内的排水系统相当复杂。条文强调具有良好的自然排水条件，在场地高程的确定上应留有余地，为排水系统的设计和施工提供条件。在不能完全实现自然排水时必须采用切实可行的机械排水措施。

5 城市电力线路的引入条件主要是施工期间的用电，至于运营期间的供电，目前悬挂式单轨交通工程较多的是建立独立的专用供电系统，即集中式供电。采用集中式供电方式时，主要靠内部供电系统供电；但当采用分散式供电方式时，由于车辆基地是悬挂式单轨交通的用电大户，对利用城市电网供电的供电品质和电力线路的引入条件就显得更为重要。

给排水等市政管道引入，应考虑既有情况和其他规划情况。

考虑道路的连接条件，主要是材料设备的运输和消防的需要。车辆基地一般不设消防车队，而是利用城市的消防队伍。

6 车辆基地是悬挂式单轨交通的重要后勤保障基地。基地内通常设有数十条股道和总建筑面积达数万平方米的各类厂房和建筑物，还有各种大型设备和室内外构筑物。股道、房屋、大型设备和构筑物都必须有稳定的基础，以保证生产的安全和各项设备、设施功能的正常发挥。车辆基地的选址应尽量选用地形、地貌、地质构造、地层岩性等工程地质条件和地表、地下水位、水量、岩土含水性、地下水腐蚀性、岩土渗透性等水文地质条件较好的地段，尽量避开地质不良地段，其目的是为工程的施工和今后的运营创造有利条件，降低工程造价和运营维修成本。处于工程地质和水文地质不良地段的工程必须采取适当的措施进行处理，以防患于未然。本款重点强调躲避工程地质和水文地质不良地段。对于躲避重点保护建筑、自然保护区、风景区、高压走廊、铁路、城市主干道等，是为车辆基地工程建设能够顺利实施，减少外部因素干扰，加快项目推进和建设应重点考虑的控制因素，必须重视。

以上六项要求是车辆基地选址的基本要求，其中最主要的是选址应与城市总体规划协调一致、有良好的接轨条件和用地面积应满足功能和布置的要求，并具有远期发展余地。六项基本要求构成有机的整体，但它们在实际工程中往往又是互相矛盾的，十全十美的选址几乎是不存在的。因此，在工程项目建设中对选址应综合各项条件进行技术经济比较，做出较优的方案。建设中还有赖于城市规划部门和市政、电力、交通、环保、消防及水利、水文等有关部门和单位的支持与理解。

24.1.5 节约用地、节约能源和资源是我国经济建设的基本方针。土地是不可再生的资源，车辆基地一般都建在地面上，占地面积大，是悬挂式单轨交通工程建设的用地大户。在当前提倡建造集约型社会、保证轨道交通建设可持续发展的形势下，新型轨道交通工程设计，特别是车辆基地的设计应认真贯彻节约用地，少占农田、不占好地的方针，严格控制车辆基地占地面积。

24.1.6 车辆基地的消防设施是安全生产的重要保证。车辆基地的总平面布置、房屋设计和材料、设备的选用等应符合国家和地方现行有关防火规范的规定，并有完善的消防设施。条文强调应符合国家和地方现行有关防火规范的规定。

24.1.7 根据车辆基地的功能和生产特点，本标准对所产生的废气、废液、废渣和噪声等环境保护设施设计做了原则性规定。

24.1.8 车辆基地受段址环境制约条件较多，设计中往往需对既有河道或水利设施、既有道路或规划道路，以及重要管线工程进行迁移或改建，上述市政设施的改移应取得水利、水务及市政相关部门的认可，并把相关工程设施及投资纳入设计，与本工程同时施工。

24.1.9 道路是车辆基地总体设计的一部分，应满足生产和消防的要求。车辆基地应考虑外来材料、设备及新车入车辆基地的运输条件，并应有环形通道和必要的回车设施，保证运输畅通。

车辆基地内的道路宜为混凝土路面，主干道路面应为双车道，路宽不应小于 7.0m，通行汽车的一般道路路面宽度应为 4.0m。

为满足消防的要求，车辆基地应有不少于两个与外界道路连通的出口，以保证发生火灾时消防车能从不同方向进入现场。

24.1.10 条文对车辆基地需物业开发的设计作出具体规定如下：

1）首先对车辆基地的物业开发，应明确开发内容、性质和规模，避免其盲目性，造成废弃工程。

2）总平面布置应在保证车辆基地规模和功能的基础上，对站场布置、房屋建筑、供电、通风与空调、给排水及消防、环境保护等设备、设施和物业开发的内容进行统一规划，避免相互干扰。

3）综合考虑车辆基地与物业开发之间内、外道路的合理衔接，并明确车辆基地和物业开发工程接口划分。

4）做好相关市政配套设施的规划。

5）按设计阶段做好投资估算、概算及资金来源和筹措，并进行技术经济比较和经济、社会效益分析。

24.2 车辆段与停车场的功能、规模及总平面布置

24.2.1 本条规定车辆基地应根据其在线网中的地位和集中检修的原则，合理确定车辆及其他系统设备检修范围及功能，在可能的条件下，实行车辆大部件的集中检修，以提高检修质量和检修设备利用率。

独立设置的停车场应隶属于相关车辆基地，以便统一管理。若线路较长，停车场停车数较多，可根据需要在停车场设置三月检、换轮等维修设备。

24.2.3 车辆检修周期的各项指标仅用于工程设计时作为确定车辆段规模的依据。随着科学技术的发展和管理水平的不断提高，检修制度还会逐步完善，参数可能会有变化，运营单位在接收工程之后可根据运营的实际情况做适当的调整。

悬挂式单轨交通车辆轮胎更换作业工作量较大，设计时应注意检查换轮库的能力。车辆的换轮还可与车辆的定期检修相结合，利用定期检修时进行换轮，以减轻换轮库的作业量。

24.2.6 为避免设备投资过大并保证设备的大修质量，设备外委大修及车辆外委大修应因地制宜，并在总体设计阶段进行充分论证、落实。

24.2.7 本条文对车辆段和停车场出入线设计的规定，是在

总结我国城市轨道交通建设经验的基础上形成的。车辆段和停车场出入线是确保列车进入正线正常运行的首要条件,它还担负着工程车辆夜间进出正线为沿线维修作业、运送机具材料和工作人员的任务。出入线的设计应保证安全、可靠、迅速,且运行合理、经济。对条文具体规定说明如下:

1 车辆段、停车场出入线在车站接轨,不仅有利于正线列车的正常运行,确保行车安全,也有利于相关车站的管理和作业;接轨站选在线路的终点站或折返站,以方便运营、减少列车出入的空走时间、降低运营成本。但是,车辆段段址的选择受城市规划和工程地质等多种条件的限制,理想的接轨方案往往难以实现,在设计中应结合段址的选择、线路条件、车辆的技术条件和接轨站的条件进行经济技术比较,合理确定车辆段和停车场出入线接轨站和接轨方案。

2 由于车辆段、停车场列车出入频繁,为保证列车出入安全、可靠、迅速,车辆段出入线应按双线双向运行设计,以确保在事故状态下,其中一条线路发生故障时,另一条线路仍可保证列车出入段作业。

3 列车在进站前一度停车转换信号或进行其他检测作业时需留有适当长度,该停车位不应影响其他列车的正常作业(包括出段和调车等)。

4 当停车场规模不大时,其作业量也不大,通常设一条出入线已可满足运营需求,且停车场属相应车辆段管辖,一旦本场出入线出现故障尚可由车辆段协助。因此,停车列位规模较小的停车场出入线可按单线设计。

24.2.8 车辆段、停车场的规模,应满足工程线路的功能和能力的要求。因此,确定车辆段、停车场的规模首先应综合考虑线网及本线的具体情况,通过全面的功能分析,确定本段(场)的功能定位,并在功能定位的基础上,根据设计基础资料进行各项工作量的计算确定规模。

设计的主要基础资料包括线路走向、行车交路、车辆技术参数、列车对数和编组辆数、管辖范围内配属车列数、车辆检修周期和检修时间等。

24.2.11 车辆基地是悬挂式单轨交通的后勤基地,是车辆段(或停车场)、综合维修中心、物资总库和培训中心等多个单位集中设置的综合基地。各系统性质不同,功能各异,设计时应根据功能要求和工作性质按有利于生产、方便管理和方便生活的原则并结合地形条件,进行统一规划、合理布置。

车辆段担负车辆的定期检修和日常维修任务,每天进出车频繁,与正线关系密切,而且线路、设备和房屋建筑多,工艺要求严格。因此,车辆基地的总平面布置应以车辆段为主体。

综合维修中心、物资总库都与车辆段的生产有较密切的关系,和车辆段布置在一起,可利用车辆段的股道和公共设施(包括水、电设施和生活设施等),实现综合利用、有利生产、方便管理和节约投资;培训中心虽具有相对的独立性,但与车辆段布置在一起,邻近生产现场,对教学也有一定的好处,也可利用车辆段的公共设施。

24.2.12 运用及检修库是车辆基地的主要生产房屋,对工艺流程影响大。因此,规定车辆基地生产房屋布置应以运用及检修库为核心。同时,要求各辅助生产房屋应根据生产性质按系统布置;与运用和检修作业关系密切的辅助生产房屋宜分别布置在相关车库的侧跨内或邻近地点;性质相同或相近的房屋宜合并设置，以求方便作业、节约用地。

24.2.13 空气压缩机间、变配电所和给水所等动力房屋，宜靠近相关的负荷中心附近布置，目的是减少管道工程数量，节约能源和工程投资。

24.3 车辆运用整备设施

24.3.6 1 停车列检库线的列位布置应根据车库类型确定，主要考虑尽端式车库的线路仅能一端出车、贯通式车库的线路可做到两端出车。为保证列车出库顺利、快捷，对于不同库型每条库线上的列位布置作了不同规定。

24.3.9 停车、列检、三月检列位之间的通道宽度6 m，是考虑了信号安装要求的间距。若采用无人驾驶，还应结合信号系统调整两列位间的安全距离。

24.3.10 由于月检作业时间较长，作业要求较高，规定尽端式月检线应按一列位布置；贯通式月检线可按两列位布置。

24.3.19 如运营期间回段更换电池组的列车数量较少，可适当增加备用车数量，采用备用车替换回段车上线运营。

24.4 车辆检修设施

24.4.4 库前平直线段的要求主要是为了避免车辆通过弯道进入车库时，车辆中心线偏离车库大门中心线造成安全事故。

24.4.5 3 换轮库设专用起重设备，一是换轮需要，二是必要时可在换轮库进行列车临修作业。起重设备吨位应能吊起一台未解体的转向架。换轮设备不宜少于一线两台位。

24.4.7 转向架间设在检修库内，最大的好处是减少大部件的运输。在检修库设计时，除考虑车体检修场地外，还应考虑转向架清洗、检修、试验及转向架备品存放场地。

24.5 车辆段设备维修和动力设施

24.5.3 车辆基地的机械加工量较少，故车辆段和设备维修车间的通用机械加工设备应统一设置。设车辆段的检修车间还是设备维修车间，可视具体情况而定。

24.6 综合维修中心

24.6.3 轨道梁、房屋等设施和机电设备的大修工作专业性较强，需要工种配套齐全的专业队伍完成。这部分工作周期较长，在综合维修中心设计时，该部分工作应优先考虑对外委托，实现维修工作专业化、社会化，达到节省费用的目的。

24.8 培训中心

24.8.2 培训中心宜设于车辆基地内，主要是考虑教学人员相对集中，可利用现场的设备、设施，实现现场直观教学。培训中心的生活设施可利用车辆段的设施，方便管理节省投资。

24.8.4 网络化运营后，自动售检票培训系统可集中设置，做到资源共享。

25 防　灾

25.1 一般规定

25.1.1 根据国内外有关资料统计，车站可能发生的灾害事故有火灾、水淹、地震、冰雪、风灾、雷击、停电、停车事故及人为事故等，但发生火灾事故最多，而且人员伤亡和经济损失最严重。因此，车站防灾应把防止火灾事故放在主要地位，采用比较全面、先进和可靠的防火灾设施。

25.1.3 车站发生火灾事故可能造成重大财产损失和人员伤亡。为了在车站发生火灾事故时能够及时疏散人员、扑灭火灾，本条规定站台层、站厅付费区和出入口通道乘客疏散区内不得设置任何商业场所。在站厅非付费区不影响乘客疏散的范围内，在取得当地消防部门认可的情况下，可设置一些小商铺以方便乘客。

25.1.4 车站周边商业一般存放的可燃物较多，火灾危险性较大，且消防设施标准与本标准相比存在较大的差异，必须保证两者在事故状态下的有效分隔。

25.2 建筑防火

25.2.1 2　控制中心是负责一条或若干条悬挂式单轨交通线路运营和应对灾害的调度指挥中枢，属城市重要生命线工程，建筑耐火等级应为一级。

25.2.3 封闭车站配备了事故通风系统或封闭结构之外的区

域，能为站台乘客疏散提供保护的场所，可设定为安全区。在发生火灾情况下，将进站列车所载的乘客及站台上的候车人员全部撤离站台到安全区的时间不能超过 6 min。火灾发生时，车站员工应按照要求驻留在车站内，指挥、协助、引导乘客疏散和进行初期灭火自救，所以疏散人员中不应包括工作人员。

25.2.5 本条对车站的装修材料作了规定，在装修范围内尽可能多地使用难燃材料或不燃材料，最大限度地避免火灾发生和蔓延。

25.4 消防给水

25.4.3 1 消防水泵从市政管网直接吸水时，水泵扬程除应按市政给水压力的最低值计算外，还应按市政最高供水压力对水泵和车站内消防给水管网的压力情况进行复核。

2 当城市自来水管网为枝状管网时，其消防供水可靠性较差，若在火灾时供水中断，将不利于消防队员及时施救。此时，有必要在地下车站内设置消防水池储存足够的消防用水。

3 换乘车站按一次火灾进行设计，换乘车站消防给水系统宜采用一套给水系统，且应完善与火灾自动报警系统的设计接口，保证方案的可实施性。通道换乘的车站由于换乘距离长，换乘车站之间机电系统的管理基本独立，此类换乘车站不宜采用一套消防给水系统。

4 地面或高架车站一般位于路中或路侧，其屋顶多采用轻钢结构形式，设置高位水箱较困难。当地面和高架车站消火栓系统设有稳压泵和气压罐时，可不设高位水箱。我国北京、上海、广州地铁地面和高架车站采用消防泵加压的消火栓给水系统设置了稳压泵及气压罐而未设置高位水箱，均取得了当地消防部门的认可。

25.4.9 国内城市轨道交通工程目前使用较多的两种消防给水管管材为球墨铸铁给水管和热镀锌钢管。球墨铸铁给水管防腐蚀性能好，在北京地铁1号线和2号线有成功应用的经验。热镀锌钢管质量轻，施工维护方便，在南方地区如广州有成功应用的经验。以上两种管材均可在悬挂式单轨交通工程中使用。悬挂式单轨交通工程采用的其他新型管材必须经国家固定灭火系统质量监督检验测试中心检测合格方可使用，若车站明装消防管采用外涂覆其他防腐材料的管材，应保证防腐材料在受热过程中不产生对人体有害的有毒气体。

25.5 灭火装置

25.5.2 本条明确了悬挂式单轨交通工程自动灭火系统保护区的设置范围。

25.7 防烟、排烟与事故通风

25.7.1 根据国内外资料统计，火灾时造成的人员伤亡，绝大多数是被烟气熏倒、中毒、窒息、踩踏所致。因此，有效的防烟、排烟已成为悬挂式单轨交通发生火灾时救援的重要组成部分，必须强调悬挂式单轨交通要具备防烟、排烟系统和事故通风系统。

25.7.4 防烟、排烟系统在风量、风压及设备的耐温标准等方面都有特殊要求，不可简单地用正常运行的通风系统代替。设计时若考虑共用一个系统，则应同时满足防烟、排烟和正常通风的要求。

25.7.5 连续长度大于 300 m 的区间隧道和全封闭车道，一旦发生火灾，烟气流通途径不畅，烟气将难于自然排出，人员如需要下车疏散时，疏散距离也较长，无法在可忍受的时间内安全撤离到开敞的安全区域。因此，必须设置可靠的防烟、排烟设施。

25.7.6 悬挂式单轨交通可能发生火灾的三个主要地域分别为区间隧道、车站的站厅和站台、车站设备与管理用房。根据其情况不同，分别作了规定：

1 区间隧道发生火灾时，应背着乘客疏散方向排烟，迎着乘客疏散方向正压送风，形成推拉式的防烟、排烟系统。

2 当车站的站厅或站台发生火灾时，可以通过有效的排烟和自然补风保证烟气的排出和人员疏散通道处于无烟区。

3 列车因非火灾的其他故障不能正常行驶而停在区间内，乘客困在车内等候或有组织地向安全地点疏散，均需要一定的时间才能完成。在这段时间内，列车和乘客仍在散发大量的热，由于列车停止行驶而失去了活塞效应的通风，车辆的空调器也难以运行，从而使空气温度上升，乘客难以忍受。必须通过机械通风的方法对事故地点送排风，以降低隧道内空气温度，保证车辆的空调器正常运行，因此本款明确了事故通风功能是向事故地点送排风。

4 设备与管理用房发生火灾时，可以通过有效的排烟和自然补风保证烟气的排出和人员疏散通道处于无烟区。

25.7.9 本条参考我国现行国家标准《建筑设计防火规范》

GB 50016、德国《高层住宅设计规范》和日本地铁有关规范，结合北京、广州和上海等城市地铁建设经验，规定了采用自然排烟时，排烟口的设置位置及有效面积。

25.7.14 通风和空气调节系统的风管是建筑内部火灾蔓延的途径之一，应采取措施防止火势穿过防火墙和不燃性防火分隔物等位置蔓延。本条明确了通风与空调系统设置防火阀的要求，因为排烟系统在穿越不同防火分区时，若烟气温度达到或超过 280 ℃，则烟气中已经带火，应设置防火阀来加以控制，否则带火烟气将殃及所穿越的防火分区，造成更大的灾害。

26 环境保护

26.1 一般规定

26.1.1 悬挂式单轨交通工程建设期与运营期应贯彻《中华人民共和国环境保护法》、《建设项目环境保护管理条例》[国务院（1998年）第253号令]等相关国家法律法规，依照《中华人民共和国环境影响评价法》开展环境影响评价。根据环境影响报告书及其批复意见，按照相关环境标准的要求，明确环境保护目标，进行环境保护设计。根据悬挂式单轨交通工程建设期和运营期的主要环境影响因素，按照环境影响报告书的专题设置，遵照环境保护要求，本标准从线路规划、工程设计、环保措施等方面提出了环境保护的设计要求。

26.1.4 悬挂式单轨交通工程车辆基地产生的生产废水、生活污水以及沿线车站的生活污水的排放，若有地方污染物排放标准的应当执行地方污染物排放标准。否则，执行现行国家标准《污水综合排放标准》GB 8978。

26.1.6 由于悬挂式单轨交通采用电力牵引车辆，沿线无大气污染物产生。在冬季供暖地区，车辆基地或车辆段供暖锅炉会有大气污染物产生。目前，燃油锅炉替代了燃气锅炉，使大气污染物排放量大大降低。废气排放应达到现行国家标准《锅炉大气污染物排放标准》GB 13271 的规定。

26.1.7 根据《环境影响评价技术导则 城市轨道交通》HJ 453—2008（2009年4月1日实施）的规定，电磁环境评价内容包括110 kV及以上电压等级的变电所的选址及其电磁环境影响。由于国内城市轨道交通尚无110 kV及以上电压等级环境评价的相关标准，评价中一直参照现行《500 kV超高压送变电工程电磁辐射环境影响评价技术规范》HJ/T 24执行。该规范已经完成修订，修订后改为《环境影响评价技术导则 输变电工程》HJ 24，适用范围覆盖了110 kV及以上电压等级的交、直流输变电工程。

26.2 规划及工程环境保护

26.2.1、26.2.2 《中华人民共和国环境影响评价法》规定，国务院有关部门、设区的市及以上地方人民政府及其有关部门组织编制的土地利用规划、综合规划以及专项规划应当进行环境影响评价。悬挂式单轨交通工程线路规划应当符合悬挂式单轨交通线网规划，并根据线路环境影响报告书的结论及其审查意见，工程选线选址应当避开自然保护区、饮用水源保护区、生态功能保护区、风景名胜区、基本农田保护区以及文物保护建筑等需要特殊保护的地区，并应避绕文教区、医院、敬老院等特别敏感的社会关注区。

26.3 环境保护措施

26.3.2 悬挂式单轨交通环境保护措施指运营期的环保措施，针对地面和高架线路的区间、车站、变电所、车辆基地、停车场，其中包括列车及设备以及附属设施所产生的噪声、振动、水污染、生态保护等工程治理措施，以减振、降噪、污水处理措施为主。悬挂式单轨交通工程的减振降噪措施主要包括在车辆、轨道梁、道岔上应用减振元件，在噪声敏感地段设置声屏障等。

26.3.4 根据国务院（1998年）第253号令《建设项目环境保护管理条例》的规定，建设项目的初步设计，应当按照环境保护设计规范的要求，编制环境保护篇章。根据建设项目环境影响报告书结论及其环境保护主管部门的批复意见，明确环境保护目标，落实环境保护措施设计。《环境影响评价法》第二十四条规定：建设项目的环境影响评价文件经批准后，建设项目的性质、规模、地点、采用的生产工艺或者防治污染、防止生态破坏的措施发生重大变动的，建设单位应当重新报批建设项目的环境影响评价文件。因此，当工程线路走向、敷设方式或沿线敏感目标等发生重大变动时，应按重新报批的建设项目环境影响评价文件开展设计。

26.3.5 根据国务院（1998年）第253号令《建设项目环境保护管理条例》的规定，建设项目需要配套建设的环境保护设施，必须与主体工程同时设计、同时施工、同时投产使用。环境保护设施必须经原审批环境影响报告书的环境保护行政主管部门进行竣工验收，验收合格后，该建设项目方可投入使用。分期建设、分期投入使用的建设项目，其相应的环境保护设施应当分期验收。